Ralf Ludwig

Mohammed

Der Prophet
und seine Lehre

Pattloch

Die Deutsche Bibliothek – CIP-Einheitsaufnahme

Ein Titelsatz für diese Publikation ist bei
Der Deutschen Bibliothek erhältlich.

Umschlag: Daniela Meyer, München
Satz: Fotosatz Völkl, Puchheim;
gesetzt aus 12,5/19 P. AGaramond
Druck und Bindung: Clausen & Bosse, Leck
Printed in Germany

ISBN 3-629-01644-8

Inhalt

Mohammed

Das Schwert in der Wüste

Engel über Arabien 8
Der verstoßene Sohn 9
Arabiens Menschen, Arabiens Götter 12
Umm al-qura: die Mutter der Städte 16
Gottes unerschaffenes Wort 21
Andere Quellen 26

Glaube 29
Skizzen einer Jugend 30
Lebenskrise 33
Gottes vergessenes Volk 35
Der Blick ins Jenseits 37
Die Geburt des Islam 44
Allahs Strafen, Allahs Gärten 46
Was ist der Islam? 53
Glaube und Politik 55
Die Treppe in den Himmel 56
Die Stadt des Propheten 58
Im Schatten der Schwerter 64
– Badr (624 n. Chr.) 67
– Uhud (625 n. Chr.) 71
– Der Grabenkrieg (627 n. Chr.) 73
Die Königin der Wüste 74

Liebe 80
Liebe und Krieg 83
Die Liebe und die Armen 86
Liebe und Frauen 88
Der Prophet und die Frauen 92

Leben 100
Das Gebet 103
Das Ramadan-Fasten 105
Das Herz des Islam 107
Exkurs: Das Geheimnis der Hidschr 112
Die Ausbreitung des Islam 115
Die Kalifen 116
Die Schiiten 119
Ausblick 121

Quellen und Literatur 125
Karte 127

Mohammed

Das Schwert in der Wüste

Engel über Arabien

Eine orientalische Sage erzählt:

> *Ein Araber war verirrt in der Wüste. Zwei Tage hatte er nichts zu essen und war in Gefahr, vor Hunger zu sterben; bis er endlich eine von den Wassergruben antraf, aus denen die Reisenden ihre Kamele tränkten, neben welcher er im Sande einen kleinen ledernen Sack liegen sah. „Gott sei gelobt", sagte er, als er ihn aufhob und anfühlte, „das sind, glaub ich, Datteln oder Nüsse; wie will ich mich an ihnen erquicken und laben!" In dieser süßen Hoffnung öffnete er den Sack; sah, was er enthielt, und rief voll Traurigkeit aus: „Ach, es sind nur Perlen!"*

Die Wüste des Orients schreibt andere Gesetze als die fruchtbare Erde des Abendlandes. Aber nicht immer bringt sie solche rührend-erbaulichen Geschichten hervor. Manche sind grausam und blutig. Aber diese tauchen noch früh genug auf, speisen die Vorurteile der Europäer und legen so den Keim zu einseitiger Bewertung fremder Kulturen.

So soll möglichst ohne Vorurteil ein Einstieg in eine faszinierende Welt gefunden werden, deren Zauber und Fremdheit zugleich uns in den Bann zu schlagen vermag. Zauber und Fremdheit: Widersprüchlichkeiten schließen sich bekanntlich nicht aus, sondern gehören zu der Zweideutigkeit von Wahrheit, an der auch der Mensch Anteil hat.

Wieder erzählt eine arabische Sage, dieses Mal von der Erschaffung der Wüste:

Als der Herr der Welten die Erde schuf, verteilte er gerecht unter alle Länder Stein, Wasser, Wiese und Tal. Jedes Land bekam etwas von den Schätzen des Allmächtigen, und auch Arabien erhielt seinen Anteil. Dann beschloss der Herr der Welten, jedem Land auch ein wenig Sand zu geben; denn ein wenig Sand kann der Mensch gebrauchen. Er nahm den Sand, packte ihn in einen Sack und schickte den Erzengel Gabriel aus, den Sand gerecht zu verteilen. Satan aber, der Böse, beneidete die Menschen. Als Gabriel über Arabien schwebte, schlich sich der Satan heimlich heran, schnitt den Sack auf, und der ganze Sand ergoss sich über Arabien, trocknete seine Seen aus und vertrieb das Wasser aus seinen Flüssen.

(zit. n. Essad Bey)

So entstand die Wüste.

Der verstoßene Sohn

Bei der Frage, wie das Volk der Araber entstand, beruft sich der Araber auf das Alte Testament der Christen, die Heilige Schrift der Juden.

Da Abrahams Frau Sara kein Kind gebären kann, schickt sie ihren Gatten zu ihrer ägyptischen Magd Hagar, damit er durch diese zu einem Sohn käme.

Da nahm Sara, Abrahams Frau, ihre ägyptische Magd Hagar und gab sie Abraham, ihrem Mann, zur Frau, nachdem sie zehn Jahre im Lande Kanaan gewohnt hatten. Und er ging zu Hagar, die ward schwanger. Als sie nun sah, dass sie schwanger war, achtete sie ihre Herrin gering.

(1 Mose 16,3f)

Sara rächt sich und demütigt Hagar, die in die Wüste flieht. Der Engel des Herrn aber findet sie bei einer Wasserquelle und schickt sie zu Sara zurück.

Und der Engel des Herrn sprach zu ihr: Ich will deine Nachkommen so mehren, dass sie der großen Menge wegen nicht gezählt werden können … Siehe, du bist schwanger geworden und wirst einen Sohn gebären, dessen Namen sollst du Ismael nennen; denn der Herr hat dein Elend erhört … Und Abraham war 86 Jahre alt, als ihm Hagar den Ismael gebar.

(1 Mose 16,10ff)

Als der Herr seinen ewigen Bund mit Abraham ankündigt und ihn den künftigen Vater vieler Völker nennt, wiederholt er die Verheißung an Ismael:

Siehe, ich habe ihn gesegnet und will ihn fruchtbar machen und über alle Maßen mehren. Zwölf Fürsten wird er zeugen, und ich will ihn zum großen Volk machen. (1 Mose 17,20)

Als Sara schließlich doch schwanger wird und Abraham den Isaak gebärt, intrigiert sie wieder gegen Hagar und deren Sohn. Auf Saras Geheiß verstößt Abraham die Magd Hagar samt ihrem Sohn, gibt ihr Brot und einen Schlauch mit Wasser und schickt beide in die Wüste.

Da zog sie hin und irrte in der Wüste umher bei Beerseba. Als nun das Wasser in dem Schlauch ausgegangen war, warf sie den Knaben unter einen Strauch und ging hin und setzte sich gegenüber von ferne, einen Bogenschuss weit; denn sie sprach: Ich kann nicht ansehen des Knaben Sterben. Und sie setzte sich gegenüber und erhob ihre Stimme und weinte. Da erhörte Gott die Stimme des Knaben. Und der Engel Gottes rief Hagar vom Himmel her und sprach zu ihr: Was ist dir, Hagar? Fürchte dich nicht; denn Gott hat gehört die Stimme des Knaben, der dort liegt. Steh auf, nimm den Knaben und führe ihn an deiner Hand; denn ich will ihn zum großen Volk machen. Und Gott tat ihr die Augen auf, dass sie einen Wasserbrunnen sah. Da ging sie hin und füllte den Schlauch mit Wasser und tränkte den Knaben. Und Gott war mit dem Knaben. Der wuchs heran und wohnte in der Wüste und wurde ein großer Schütze.

(1 Mose 21,14ff)

Ismael taucht in der Bibel nur noch einmal auf: bei der Beerdigung seines Vaters Abraham in der Höhle von Machpela, zusammen mit seinem Bruder Isaak (1 Mose 25,9). Nach der Auflistung seiner Nachkommen und der Erwähnung, dass der Jakob-Rivale Esau eine Tochter Ismaels zur Frau nimmt (1 Mose 28,9), verliert sich seine Spur in der Bibel.

Mehr weiß die Bibel nicht von Ismael. Dem Engel, der Ismael beschützte, damit er der Stammvater der Araber werden sollte, werden wir noch begegnen. Mohammed wird ihn Gabriel nennen. (Es ist derselbe, der auch Maria die Geburt ihres Sohnes Jesus angekündigt hatte.) Der Ort der Handlung wird nach Mekka verlegt. Auch der rettende Wasserbrunnen wird einen Namen bekommen: Zemzem. Er liegt vor der Kaaba in Mekka. Mohammeds Großvater wird sein Hüter sein.

Arabiens Menschen, Arabiens Götter

Die Überlieferung kennt noch eine zweite Linie, die zu den Arabern führt. Sie führt von dem Noah-Sohn Sem in dritter Generation zu Eber und dessen Sohn Kahtan, dem biblischen Joktan. Dessen Sohn wiederum, Yarub im Distrikt Araba, ist biblisch nicht mit Sicherheit belegbar (1 Mose 10,25: Jerach, Jobab?). Diese zweite Linie muss sich irgendwann mit der Ismael-Linie vermischt haben.

Dass Abraham gemeinsam mit Hagar und Ismael auf die arabische Halbinsel zog, wo er die beiden in Mekka zurückließ und die verzweifelte Suche der Mutter nach Wasser stattfand, ist Darstellung des Korans, nicht der Bibel. Ebenso verhält es sich mit dem Bericht über die Rückkehr Abrahams nach Mekka, wo er den Befehl Gottes erhielt, einen Tempel, die Kaaba zu errichten, in dem er den berühmten schwarzen Stein einschloss. Von ihm wird später noch die Rede sein.

Dies ist sicher nicht auf eine Erfindung Mohammeds zurückzuführen, sondern vielmehr auf eine langsam gewachsene Überlieferungskette von christlichen Pilgern, die den praktizierten Kaaba-Kult mit ihrem Glauben vereinbaren und somit legitimieren wollten. Was aber war die eigentliche Religion des Wüstenvolkes?

Eine Antwort kann nur tastend gegeben werden. Vor allem der Europäer muss einsehen, dass die Wüste andere Lösungen auf die Frage nach dem letzten Grund des Seins bereithält als ein fruchtbarer Ackerboden. Unbeweisbar, aber bestechend ist der Gedanke, dass der Monotheismus in der Wüste geboren ist: die leere Wüste als negativer Reflex auf die Allmacht und Größe eines einzigen Gottes. War dieser Gedanke für den Araber vor dem Auftreten ihres größten Propheten Gewissheit oder nur leise Ahnung?

Eine Antwort erübrigt sich, wenn man bedenkt, dass keine der großen Religionen in ihrem Entstehen einen Monotheismus in Reinkultur vertreten hatte. Die Geschichte vom Goldenen Kalb des Mose und die Götzen Arabiens sind beredte Zeugen für die Überforderung menschlicher Fähigkeit, auf greifbare Manifestationen des Glaubens zu verzichten.

Neben Bäumen und Quellen waren es vor allem Steine, Felsvorsprünge oder Gesteinsformen, die an eine menschliche Gestalt erinnerten und bestimmten Gottheiten zugeschrieben wurden. Vor allem ein vom Himmel gefallener Stein, ein Meteor, hatte große

Chancen für eine kultische Verehrung. Innerhalb eines solchen Steinkultes führte auch die Errichtung von besonderen Steinen mit einer muldenartigen Vertiefung als Opferplatz konsequenterweise zu der Frühform des Altares. Das Opfer als Möglichkeit, mit der Gottheit in Verbindung zu treten und sie möglichst noch beeinflussen zu können, ist eine Vorstellung, die seit Anbeginn der Zeit dem Menschen innewohnt. Um die Gottheit gnädig zu stimmen, zu versöhnen, bringt man noch in viel späteren Zeiten Opfer dar: Tiere, Früchte, Speise, Trank und später Geld. Es sind archaische Bilder, die sich tief in die Herzen der Menschen eingegraben haben und bis heute Wirkung zeigen.

Geopfert wurden Kamele, Schafe, Rinder – und Menschen. Karl Ahrens berichtet, dass noch in der ersten Hälfte des 6. Jahrhunderts König Mundir III. christliche Kriegsgefangene opfern ließ.

Der höchste der Götter war Allah, eine Zusammenziehung aus „al-ilah“, „der Gott“, der Herr aller Welten, dem man trotz des monotheistischen Einflusses von Juden- und Christentum Töchter zubilligte: „al-Lat“, „al-Uzza“, „Manat“. Auch die männlichen Lokalgötter durften sich der Sohnschaft Allahs rühmen.

Die jährlichen Opfer, begleitet von einem regen Handelstreiben, wurden in einem festgelegten Monat vollzogen und ihr Fleisch von den Opfernden verzehrt. Verbunden wurde die Opferzeremonie mit einem Umzug um das Heiligtum, wobei noch nicht zufrieden stellend geklärt ist, ob diese Umgehung aus dem rituellen Tanz oder dem Bedürfnis, die Gottheit zur Kraftverleihung zu zwingen, abgeleitet ist.

Ob Mohammed von Jugend auf Monotheist war, ist fraglich. Aus den Suren 42,52 und 93,7 des Korans, in denen vom „Leiten auf einem rechten Weg“ und einem „dich irrend findend und leitete dich“ die Rede ist, lesen manche Forscher die Möglichkeit einer Götzenopferung heraus, was von islamischen Theologen heftig bestritten wird. Mit „irrend“ sei nur ein Verirren in der Wüste gemeint.

Unabhängig von dieser Klärung ist es unerlässlich, die absolute Notwendigkeit eines strengen Monotheismus für Mohammed zu begreifen. Die Möglichkeit, diverse Götter und Götzen um Fürsprache anzuflehen, würde die Wucht der Botschaft vom Jüngsten Gericht vermindern.

Aus der Tatsache der meist untergeordneten Bedeutung der Götzen kann man schließen, dass der Glaube an die unterschiedlichsten Götter (in der Kaaba gab es angeblich 360 Götterstatuen einschließlich derer von Jesus, Moses und Maria) keine tiefgreifende Verankerung im Leben des Nomaden erfahren hatte. Für den Menschen der arabischen Halbinsel, dessen charakterisierende Eigenschaften von Hamdy M. Azzam mit Ritterlichkeit, selbstaufopferndem Mut, Drang zu individueller Freiheit, Stolz und beispielloser Gastfreundschaft angegeben werden, war das moralische Ideal der Ehre maßgebend.

Eine zentrale Rolle im Leben des Menschen spielte hingegen der Glaube an die Dschinnen. Ein Dschinn ist ein Geist – der Hinweis auf das christliche Pendant des Begriffs Dämon geschieht nur mit Vorsicht –, der unter dem Himmel lauscht, was dort unter den himmlischen Wesen verhandelt wird. Wird er von einem Engel dabei erwischt, schleudert dieser eine Sternschnuppe nach ihm. Es sind körperlose und unsichtbare Wesen, die sich in Tieren einnisten können. Geschieht dies in einem Menschen, ist es ein Privileg; in dem Fall hat der Mensch Anteil an übernatürlichem Wissen.

Der Araber hat wenig Sinn für Kunst. Ausnahme ist die Kunst der Rede; in noch höherem Ruf aber stand die Kunst des Dichtens. Die nötige Inspiration bekam der Dichter von den Dschinnen. Wettkämpfe unter Dichtern waren äußerst beliebt. Der Dichter wurde als Propagandist eingesetzt, er war der „Journalist der Wüste" (Maxime Rodinson). Redegefechte und Schmähreden gegen den Gegner waren Höhepunkte auf Jahrmärkten oder Opferfesten. Angriff und Verteidigung hatten nach Möglichkeit denselben Reim zu haben. Kam es zu einem Krieg, der in den meisten Fällen nur einem bewaffneten Scharmützel glich, eröffneten die gegnerischen Dichter in möglichst verletzenden Verbalattacken den Kampf, der in manchen Fällen dann auch als Wortgeplänkel ein Ende fand. Zwei bekannten Dichtern wurden ihre Schmähgedichte über Mohammed zum Verhängnis. Er ließ sie töten.

Umm al-qura: die Mutter der Städte

Von Mekka sind es 447 Kilometer nach Norden, bis man Medina erreicht. Dafür waren in damaliger Zeit elf Tagesreisen nötig. Weiter oben im Nordwesten erstreckt sich das mächtige Byzanz, Mittelpunkt der Welt, Erbe Roms, das mit der Zeit sein Gesicht veränderte und begann, orientalische Gewänder zu tragen. Die christliche Religion östlicher Prägung bekam dort ihr schönstes Gewand: die Hagia Sophia, von Kaiser Justinian an Weihnachten 537 eingeweiht. Dabei soll der Kaiser, eingedenk des prächtigen Tempelbaus Salomos, ausgerufen haben: „Ich habe dich besiegt, Salomo!“ (nach Rodinson) Das byzantinische Reich erstreckte sich über ganz Kleinasien, Nordafrika, Ägypten, Syrien und vor allem Palästina mit dem heiligen Grab.

Der Hauptfeind von Byzanz war Persien, das Kaiserreich der Sasaniden mit dem Großschah an der Spitze. Hauptstadt war ein Siebenstädtekonglomerat in der Nähe des heutigen Bagdad. In ihrem ständigen Kampf untereinander – Ostrom entriss den Persern Mesopotamien und Armenien, die Perser eroberten im Gegenzug Syrien und Ägypten – verbluteten beide Reiche allmählich, bis ihre Herrscher, Heraklios und Khosrau II., Frieden schließen mussten.

Im Süden der arabischen Halbinsel lag das „glückliche Arabien“, der Jemen mit seiner Hauptstadt Sana. Jemen, ein funktionierender Staatsapparat mit ausgeprägter Bürokratie bescherte den Untertanen Wohlstand und Luxus.

Und dazwischen? Dazwischen war die Wüste mit ihren Beduinen; es waren Niemande, von denen keiner ahnte, dass sie in Kürze sämtliche genannten Reiche überrollen würden. Das Leben in der Wüste wurde ihnen von ihren Kamelen ermöglicht.

Das Kamel: Im 2. Jahrtausend v. Chr. domestiziert, wurde es zu einem Transporttier, das mühelos 50 Kilometer pro Tag mit 200 Kilogramm Fracht zurücklegen und notfalls zwei bis drei Wochen ohne Wasser bei über 50 Grad Hitze aushalten kann; während dieser Zeit lebt es vom Fett seines Höckers. Das Kamel ist eine wandelnde Versorgungsfabrik: Es liefert Milch und Fleisch als Nahrung und stellt Haut, Haare und Fell für Sandalen, Gürtel, Wassersäcke, Kleidung und Zelte bereit. Im Gegensatz zu Pferd und Esel ist gerade das Kamel für Karawanen prädestiniert. Wo Karawanen sich treffen, bildet sich ein Kaufmannsstand heraus. Der Kaufmann der Wüste wird zwar sesshaft, im Herzen aber bleibt er ein Beduine, trotz Reichtum und Macht.

Mitten in der Wüste, 80 Kilometer vom Meer entfernt, kreuzen sich zwei Talmulden, zwei Karawanenstraßen. Die eine führt nach Norden, nach Syrien, die andere nach Süden, in den Jemen. Dort am Schnittpunkt liegt sie, Umm al-qura, die Mutter der Städte: Mekka.

Zum ersten Mal wird sie im 2. Jahrhundert n. Chr. vom ägyptischen Geographen Ptolemäus als Makoraba erwähnt, doch der Glaube kennt ältere Traditionen. Einst sandte der Herr aller Welten einen weißen Stein vom Himmel, wird erzählt. Der Erzvater Abraham baute darum ein Heiligtum. Es ist ein viereckiges Gebäude, das recht früh den Namen Kaaba erhält. Trotz der lateinischen Ableitung von „cubus“ ist es nur scheinbar ein würfelförmiges Gebilde: Zwei Mauern sind zwölf Meter lang, die anderen Mauern zehn Meter, die Höhe beträgt 15 Meter. In der östlichen Ecke, eineinhalb Meter über dem Boden, ist der Stein in die Mauer eingelassen. Der Stein übernahm die Sünden derer, die ihn küssten. Je höher die

Zahl der Sünden, desto schwärzer wurde die Farbe des Steines. Der Nichtmoslem wird als Material des heiligen Steines einen Meteor aus Lava oder Basalt vermuten. Ein Feuer im Jahre 683 sprengte ihn in drei größere Stücke und einige Splitter. Nach der „Enzyklopädie des Islam" hat die Steinmenge einen Durchmesser von 30 Zentimetern und wird von einem steinernen Ring umgeben, der wiederum durch einen silbernen Reif zusammengehalten wird.

Zur Zeit Mohammeds stellte sich die Kaaba als ein Heiligtum dar, das für einen Gottsucher verwirrend war. An dem tragenden Gerüst der vorgeschichtlichen Abraham-Erzählung hingen zusätzlich unzählige lokale Götzen, welche die Glaubwürdigkeit des einen Gottes der Wüste als Kern des Glaubens beeinträchtigen.

Wo Reichtum herrscht, ist der Kampf um die Macht nicht fern. Wie kann es in der Mutter der Städte anders ein? Dieser Kampf fand in einem sozialen Beduinenverband statt, der oft mit dem fragwürdigen Begriff „Kaufmannsrepublik" wiedergegeben wird. Eine Republik, die ohne Strafen und Gerichtsbarkeit, ohne Gesetze und Regierung auskam. Es gab nur die Gesetze der einzelnen Stämme, die in mehrere Sippen zersplittert waren; allein deren Blutgesetze herrschten.

Es war der Stamm der Kuraischiten (andere Schreibart: Qurais, Koreischiten), der die Herrschaft über Mekka schon lange in den Händen hielt. Die Untersippe der Kuraischiten waren die der Banu Haschim; aus dieser sollte der Prophet Mohammed hervorgehen.

Dieser Zeitpunkt wird von der islamischen Geschichtsschreibung im Zusammenhang mit einem Ereignis gesehen, dessen Datierung in der Tat (bei einer möglichen Abweichung von einem Jahr) mit dem Geburtsjahr des Propheten zusammenfallen dürfte: Es ist das „Jahr des Elefanten".

Bei der folgenden Schilderung sind Historizität und Legende leicht auseinander zu halten.

In Sana, der Hauptstadt des Jemen, baute Abraha, der Vasall des christlichen Negus von Abessinien, eine Kirche, die dem Kaaba-Heiligtum den Rang als Zentralheiligtum der Araber ablaufen sollte. Nachdem ein patriotischer Mekkaner diese Kirche mit seinem Kot schändete, rüstete der jemenitische Herrscher ein Heer aus, das mit einem Elefanten an der Spitze großes Aufsehen erregte. Vor den Toren Mekkas bombardierten Tausende von Schwalben mit kleinen Steinen in den Schnäbeln das fremde Heer. Wo Steine treffen, hinterlassen sie Löcher wie Blattern. So spricht die Anspielung auf die Wirkung der Steine als Krankheitsbild eher für eine plötzlich auftretende Pockenepidemie als für einen in der Wüste doch seltenen Hagelschlag. Einer anderen Überlieferung nach soll der Elefant sogar vor der heiligen Kaaba in die Knie gegangen sein, was den Rückzug der Angreifer zur Folge hatte.

Es ist das Jahr 570, möglicherweise auch 571 n. Chr. In diesem Jahr, am 29. August unseres Kalenders, wird in Mekka ein Knabe geboren: Muhammad Ibn Abdallah Ibn Abd al-Muttalib. Bekannt wurde er unter dem Namen Mohammed, „der Gepriesene".

Gottes unerschaffenes Wort

Richtige Worte über den Koran, der Hauptquelle des Islam, zu finden, ist ein heikles Unterfangen, wenn man nicht selbst Moslem ist. Dass die Bezeichnung „Wort Gottes" dadurch definiert ist, dass es ein vom göttlichen Geist bestimmtes menschliches Wort ist (Paul Tillich), ist unbestritten und zutiefst christliche Überzeugung. Damit begnügt sich aber der Islam nicht. Er beteuert, dass die einzelnen Offenbarungen des Korans auf ein im Himmel bewahrtes Buch zurückgehen. Jedes Wort ist als ein von Gott herabgesandtes Wort dem Propheten in den Mund gelegt und besitzt damit göttliche Qualität. Es ist das authentische Wort Gottes zwischen zwei Buchdeckeln, Wort für Wort von Gott empfangene abschließende Wahrheit!

Um der Redlichkeit zu genügen, muss zugegeben werden, dass der Autor diese Meinung nicht teilt. Wäre dem so, würde er zum Islam übertreten. Der Respekt aber vor der tiefen religiösen Überzeugung von mehr als einer Milliarde Menschen dieser Erde gebietet es, in fairer Weise auf das hinzuweisen, was sowohl kritischen wie auch christlich geprägten Lesern Schwierigkeiten bereitet.

Es ist richtig, dass nicht alle Aussprüche des Propheten für Offenbarungen ausgegeben werden, aber wir haben auch Kunde davon, dass der langjährige Schreiber Mohammeds in Medina, Abdallah Ibn Saad, selbst Zweifel am himmlischen Ursprung des Korans bekam, als er des Öfteren bei Diktatpausen eigene Ergänzungen an dem Offenbarten vornahm, die dann der Prophet geistesabwesend guthieß. Nachdem er sich nach Mekka hatte absetzen können, später aber durch die Einnahme der Stadt von seiner Vergangenheit eingeholt wurde, konnte er sein Leben nur durch reuevolle Unterwerfung retten.

Es kann nicht deutlich genug betont werden, dass Mohammed nicht der Blender und Fälscher war, der sich aus egoistisch übersteigerten Motiven eine Religion aus den Fingern sog; auch kein Zufall kann aus dem Nichts heraus etwas Dauerhaftes machen.

Und nicht konntest du hoffen, dass dir das Buch gegeben würde, es sei denn aus Barmherzigkeit deines Herrn.

(Sure 28,86)

Das klingt glaubwürdig. Die in seinem Innersten vernommene Offenbarung verschaffte Mohammed eine derartige Gewissheit, dass er es trotz seiner anfangs ängstlichen Natur wagte, öffentlich aufzutreten und geduldig Hohn und Spott seiner Landsleute zu ertragen. Er meinte es todernst mit seiner Überzeugung, der empfangene Koran sei göttlicher Herkunft.

Und ich schwöre, bei dem, was ihr schaut
und was ihr nicht schaut,
siehe, es ist wahrlich die Rede eines edlen Gesandten,
und nicht ist's die Rede eines Poeten …
Und nicht ist's eines Wahrsagers Wort …
Eine Hinabsendung von dem Herrn der Welten!
Und hätte er (Mohammed) wider uns einige Sprüche ersonnen,

so hätten wir ihn bei der Rechten erfasst,
alsdann hätten wir ihm die Herzader durchschnitten …
Und siehe, wahrlich, wir wissen, dass ihn einige von euch der Lüge zeihen.
(Sure 69,38ff)

Islamische Gläubige werden nicht müde, auf die stilistische Vollkommenheit des Korans hinzuweisen und auf die unvergleichliche Schönheit seiner Sprache. Der Koran hat die Süße der sesshaften Sanftheit des Städters und die Kraft der nomadischen Rauheit des Beduinen, so das Vorwort der Koranübersetzung von Max Henning. Keiner vor und nach Mohammed sei jemals fähig gewesen, eine solche Sprache hervorzubringen. Dies wird oft als Beweis für die Echtheit göttlicher Offenbarung gehalten; unterstrichen wird dieser „Beweis" noch durch den nicht selten zu lesenden Zusatz, dass der Offenbarungsempfänger Mohammed angeblich weder lesen noch schreiben konnte, eine Annahme, die für den späteren Geschäftsführer von Ehefrau Chadidschas Karawanserei recht unwahrscheinlich ist.

Der des Arabischen nicht mächtige Abendländer wird den Koran wohl für eine recht langweilige Lektüre halten. Das ist kein Widerspruch zu dem oben Gesagten, denn unvergleichlicher Klang entsteht, wenn man heilige Texte von Kindesbeinen auf verinnerlicht hat; das ist bei Christen nicht anders.

In der arabischen Literatur gab es vor Mohammed keine rhythmische Prosa; falls doch, ist sie wegen fehlender göttlicher Legitimation nie aufgeschrieben worden. Was später auf Leder, flachen Knochen, Tonscherben und Palmstängeln festgehalten wurde, waren für die Gläubigen Allahs Worte in Wortgruppen, die man „Lesung“ oder „Rezitation“ nannte: Koran. So bezeichnet dieses Wort sowohl die Gesamtheit der heiligen Schrift als auch einzelne Offenbarungen, wenn es heißt, dass Gott einen Koran zu seinem Abgesandten hinunterschickte.

Bereits in Medina begann die Niederschrift, sicher auf Geheiß des Propheten, denn gerade die jahrzehntelange Verzögerung der Niederschrift der heiligen Schriften im Juden- und Christentum wurde von ihm als Indiz für Verzerrungen und Unrichtigkeiten gewertet. Auch die Einteilung in Kapitel, in Suren, geschah bereits zu seinen Lebzeiten.

Diese Einteilung in Suren mutet uns befremdlich an, da sie nicht in chronologischer Abfolge, sondern in absteigender Länge angeordnet ist: am Anfang die längste Sure und am Ende die kürzeste, die 114. Sure. Eine Ausnahme bildet die kurze Sure 1, die „Eröffnende“. Sie heißt Fatiha und ist mit ihren sieben Versen auch die populärste; sie ist eine Art „Vaterunser“ des Islam. Eingeleitet wird sie durch die heilige Basmala, die auch alle restlichen Suren eröffnet: *Im Namen Allah*s, *des Erbarmers, des Barmherzigen!* Diese Art „invocatio“ kann von den Gläubigen vor den Mahlzeiten, aber auch vor dem ehelichen Beischlaf ausgerufen werden.

Bei genauer Betrachtung der einzelnen Suren fallen selbst in der deutschen Übersetzung gewaltige Unterschiede auf, nämlich im Ausdruck und der Sprachgewalt zwischen den Suren, die Wissenschaftler als die frühen Offenbarungen in Mekka ausgemacht haben, und denen, die in der mittleren und späten Medina-Zeit stattfanden. Mit zunehmendem Abstand zu Mohammeds religiösem Urerlebnis verliert sich der prophetische Elan, der Rausch der ekstatischen Rede wird geringer, die Wucht der Reimprosa nimmt ab, und mit der Zeit beginnt die Offenbarung die Gestalt eines „Kommentars zu Tagesabläufen zu bilden“ (Tor Andrae).

Es gibt keine objektiven Maßstäbe für die Beurteilung der Frage, ob eine Sure wirklich göttliche Autorität besitzt oder nur zur Selbstrechtfertigung von Mohammeds Handeln dient. Beide Einschätzungen lassen sich belegen. Als sich einmal ein blinder Beduine an Mohammed wenden wollte, fühlte sich dieser im Gespräch mit einem reichen Mann gestört und wandte sich unwillig vom Blinden ab. Damit handelte er sich einen handfesten Tadel Gottes ein:

Er runzelte die Stirn und wandte sich ab,
Weil der Blinde zu ihm kam.
Was aber ließ dich wissen, dass er sich nicht reinigen wollte
Oder Ermahnung suchte und die Ermahnung ihm genützt hätte?
Was aber den Reichen anlangt,
Den empfingst du,
Und es kümmert dich nicht, dass er sich nicht reinigen will.
Was aber den anlangt, der in Eifer zu dir kommt und voll Furcht ist,
Um den kümmerst du dich nicht.

(Sure 80,1–10)

Einige Suren geben Skeptikern Grund zum Zweifel. So belehrt eine Offenbarung den Propheten in seinem Verhältnis zu seinen Frauen.

Du kannst, wen du willst von ihnen, abweisen und zu dir nehmen, wen du willst und nach wem du Verlangen trägst von jenen, die du verstießest; es soll keine Sünde auf dir sein.

(Sure 33,51)

Als der Prophet starb, hörte auch die Kette der Offenbarungen auf. Wer für die offizielle Beauftragung zur Koranzusammenstellung verantwortlich war, ist strittig. War es des Propheten Schwiegersohn Ali? Theodor Nöldeke hält dies für eine schiitische Erfindung. Hat Nachfolger Abu Bakr den Auftrag erteilt und dessen Nachfolger Omar ihn ausgeführt? Auch hier steht These gegen These. Sicher dagegen ist, dass der dritte Kalif Othman (644–656) für die endgültige Redaktion verantwortlich ist. Alle anderen nichtoffiziellen Ausgaben wurden vernichtet.

Andere Quellen

Neben den von ihm selbst veranlassten Niederschriften der jeweilig offenbarten Korane tauchten bald Sammlungen auf, die eifrige Anhänger aus dem Gedächtnis rekonstruierten. Inwieweit der frühere Offenbarungsfluss damit verändert wurde, ist unmöglich festzustellen. Wichtig ist, dass bald nach Mohammeds Tod Fragen zu religiöser Praxis und Lebensgestaltung auftauchten, die mit dem Koran allein nicht beantwortet werden konnten. So forschte man in der Erinnerung oder bei den Gefährten: Hatte der Prophet zu seinen Lebzeiten dazu eine Meinung gehabt? Gab es Handlungen von ihm, die hilfreich sein könnten?

Es bildete sich das heraus, was im Islam Sunna heißt. Die Sunna Mohammeds (nicht die Sunna Allahs: Sie bedeutet im Koran das Strafgericht Gottes!) ist demnach der Brauch, der sich im Reden, Tun oder in der stillschweigenden Zustimmung zu dem, was in seiner Gegenwart gesagt oder getan wurde, äußert. Denn Mohammed selbst hatte viele Fragen nicht durch eine Offenbarung, sondern durch eine Entscheidung beantwortet. Für den Moslem sind daher der Koran und die in der Sunna zugrunde gelegte Praxis der Maßstab für richtiges Handeln.

Ihren Niederschlag fand die Sunna in den einzelnen Hadith-Sammlungen. Die Hadithe bestehen aus kurzen Erzählungen, die sich auf Sprüche und Taten des Propheten oder seiner engsten Gefährten beziehen. In seiner typischen Form werden sie eingeleitet mit der Angabe eines glaubwürdigen Zeugen, der eine Überlieferungskette bis zum Augenzeugen angeben kann. Dass die Hadith-Sammlungen nicht frei von Fehlern oder manchen Verfälschungen sein können, tut der Ergiebigkeit und Wichtigkeit dieser Quelle keinen Abbruch.

Mit der Zeit gab es sechs große Hadith-Sammlungen. Der berühmteste Hadith-Forscher war Sahih al-Buhari, ein islamischer

Gelehrter aus Buchara (heutiges Usbekistan), der aus 600.000 Hadithen 7400 aussonderte, die er für echt, für „gesund" hielt. Deshalb ist seine Sammlung als „Sahih (= gesund) al-Buhari" in die Wissenschaft eingegangen.

Eine weitere Rolle spielt die Sira, die klassische Prophetenbiographie, in der berufsmäßige Erzähler Kindheits- und Vorgeburtsgeschichten sowie blühende Legenden neben das authentische Leben Mohammeds stellten. Literargeschichtlich ist die Sira eine Form von erzählendem Hadith.

Am Anfang der berufsmäßigen Erzähler wird al-Zubair genannt, am Ende der überragende Ibn Ishaq (gest. 768), der Enkel eines irakischen Sklaven. Er bietet nicht nur eine Gesamtdarstellung vom Leben des Propheten, sondern stellt ihn zum ersten Mal auch in einen weltgeschichtlichen Zusammenhang.

Leider kennen wir das Buch von Ibn Ishaq nicht in der vollständigen Fassung, sondern nur in der Überarbeitung von Ibn Hischam (gest. 834). Ein Teil von Ibn Ishaqs Werk fand auch Eingang in die Chronik von al-Tabari (gest. 923). Während sich der Bericht von al-Waqidi mehr oder weniger auf die Feldzüge des Propheten beschränkt, kann mit dem Werk seines Schülers Ibn Saad (gest. 845) der ungefähre Abschluss der historisch bedeutsamen Biographien angegeben werden.

Glaube

Nur ein gewöhnlicher Mensch mit Fehlern und Schwächen sei er gewesen, betonte Mohammed stets, kein Gott, kein Gottessohn, zu dem gebetet würde. Er sei nur der Sohn eines Mannes und eines Weibes, beteuerte er einmal einer vor Ehrfurcht erstarrten Frau, er esse, gehe zum Markt und sei nicht mehr als jeder andere Mensch.

Dies konnte aber nicht die Verehrung aufhalten, die ihm bald zuteil wurde. Sie nahm bisweilen schon groteske Züge an; man stritt sich beispielsweise um das übrige Wasser, das der Prophet zum Waschen hinterließ. Ausgeschlossen aber ist, dass die Verklärungen rund um seine Geburt schon zu Lebzeiten eingesetzt haben. Erst nachträglich wurden ihm übernatürliche Züge zugeschrieben. Die Motive lassen sich ahnen: Unter dem Eindruck übernatürlicher Vorgänge im Leben des Mose und bei der Geburt Jesu wollten spätere Generationen den Religionsstifter des Islam ebenfalls mit dem Flair des Übernatürlichen versehen. Manches davon kommt bekannt vor: In der Nacht der Geburt herrschte Jubel unter den Engeln, die ihre Fackeln (Sternschnuppen) auf die Erde warfen, berichtet Essad Bey; ein Beben ging um die Erde, so dass Kirchen und Synagogen einstürzten. Ibn Ishaq weiß von einer Frau, die der Mutter Mohammeds während deren Schwangerschaft vohersagte, dass ihr Sohn einmal Herr dieses Volkes werden würde. Beim Hüten der Schafe kamen einmal zwei Männer in weißen Gewändern, schnitten ihm den Leib auf und wuschen sein Herz.

Als der Mönch Bahira sah, wie trotz glühender Sonne eine Wolke den Propheten beschattete, sagte er dessen Onkel Abu Talib Großes für seinen Neffen voraus. Begleitet wird dies von einer Warnung vor den Juden; all das erinnert an den Seher Simeon im Jerusalemer Tempel und die Warnung der drei Weisen vor König Herodes.

Bei der Beurteilung solcher Berichte wird von Autoren oft an den gesunden Menschenverstand appelliert. Dieser Appell ist meist hilfreich, wenn er auf eine fremde Religion zielt; in der eigenen Religion, zum Beispiel bei dem lieb gewonnenen Konzert der himmlischen Heerscharen über den Hirten von Bethlehem, fällt es dem christlichen Leser schon schwerer, diesen Appell zu beherzigen.

Skizzen einer Jugend

Berichte über die Jugend eines Religionsstifters sind aufschlussreich, haben aber keine zentrale Bedeutung. Sie zu bezweifeln ist genauso unsinnig, wie buchstabengetreu an ihnen festzuhalten.

Von der Sippe der Kuraischiten ist Großvater Abd al-Muttalib der Erste, der greifbare Konturen annimmt. Er war der Hüter des heiligen Brunnens Zemzem, dessen Wasser angeblich schon dem Hagar-Sohn Ismael das Leben rettete. Zehn Söhne und sechs Töchter hatte er von verschiedenen Frauen. Um den wichtigsten Sohn, Abdallah, den Vater Mohammeds, ranken sich Legenden: Beinahe wäre er geopfert worden. Er heiratete Amina, starb aber während der Schwangerschaft Aminas auf einer Reise; es heißt, er sei in Medina begraben. Aufgezogen wurde das Neugeborene nach Kuraischitensitte von der Amme des Beduinenstammes Banu Saad. Zehn Frauen dieses Stammes waren nach Mekka gekommen und suchten nach einem Nährkind; alle bekamen eines, außer Halima, die murrte und den kleinen Mohammed ablehnte, weil er ein Waisenkind war und nur wenig Geld zu erwarten war. Da sie aber nicht kinderlos zurückkehren wollte, akzeptierte sie ihn doch und nährte ihn die ersten Jahre.

Mit sechs Jahren verliert der Knabe seine Mutter, mit acht Jahren seinen Großvater, der ihn aufgenommen hatte. Er kommt in die Obhut seines Onkels Abu Talib, der ihn mit auf die Reisen seiner Karawanen nimmt. Durch ihn lernt er die Welt um sich herum kennen. Auf diesen Reisen muss er auch die ersten Eindrücke vom Christentum erhalten haben; es war das syrische Christentum, das in seiner nestorianischen Ausprägung die offizielle Zweinaturenlehre Christi (gemeint ist die göttliche und die menschliche Natur Jesu) ablehnte. In Berührung muss der Junge außerdem mit den Mönchen der Wüste gekommen sein, vor allem mit den beeindruckenden Asketen, die aus Angst vor der Strafe Gottes und seinem Gericht die härtesten Entbehrungen und Entsagungen auf sich nahmen.

Der offizielle Islam unterbindet zwar die Diskussion um vor- und außerislamische Einflüsse des Korans, um die Göttlichkeit des offenbarten Wortes zu unterstreichen, aber einem Nichtmoslem sei es gestattet, auf mögliche Parallelen hinzuweisen: Da ist die Sitte der Manichäer, deren zwölf Niederwerfungen der Prophet vielleicht einmal kennen gelernt hat; da sind die Mandäer und die Sabäer, beide Täufersekten, von denen die Letztere eine Unmenge von Waschungen kennt. Sie könnten Vorbild gewesen sein für die präzisen rituellen Reinigungsvorschriften des Propheten für die „Große Waschung" und die „Kleine Waschung", bis hin zur Ersatzwaschung mit Sand.

Vielleicht standen auch sektiererische Gruppen Pate für die Auffassung Mohammeds, nicht Jesus selbst, sondern ein Phantom sei gekreuzigt worden.

Bis zum 25. Lebensjahr bleibt Mohammed ledig – länger, als es üblich ist. Einmal hält er um die Hand der Tochter seines Onkels an, wird erzählt; sie heißt Umm Hani, von der Ibn Ishaq berichtet, dass die nächtliche Himmelsreise in ihrem Haus ihren Ausgang nahm. Sie lehnt ab und wird es später bereuen.

Die Veränderung, die jetzt in seinem Leben eintritt, sollte nicht nur seinen Beruf betreffen. Er findet eine Anstellung als Karawanenführer bei der reichen Kaufmannswitwe Chadidscha, die ihm recht bald doppelten Lohn gibt. „Sie war eine Geschäftsfrau von Adel und Reichtum und dingte Männer, die für eine gewisse Profitbeteiligung mit ihren Waren Handel trieben", beschreibt sie Ibn Ishaq. Aus zwei früheren Ehen hat die Witwe bereits mehrere Kinder. Trotz anderer Verehrer findet sie Gefallen am jungen Mohammed und beschließt, ihm einen Antrag zu machen. Der Grund hierfür dürfte weniger darin zu suchen sein, dass sie zwei Engel sieht, die über ihrem heimreitenden Angestellten schweben und ihm Schatten spenden, als vielmehr in dessen Aussehen; vor allem schätzt sie an ihm seine Intelligenz, Ruhe und Selbstsicherheit.

Dem Vater wird das Einverständnis im Rausch abgelockt, und die beiden heiraten. Er ist 25, sie 40. Zwanzig junge Kamele sind die Brautgabe. Die Ehe ist getragen von einem großen Respekt füreinander, sie wird etwas mehr als 20 Jahre dauern. Von den gemeinsamen vier Töchtern wird nur Fatima eine größere Bedeutung erlangen, die drei Söhne sterben früh. Glaubhaft ist auch, dass Mohammed seiner Frau bis zu ihrem Tod im Jahr 619 treu war und keine andere Ehe einging. Das wäre durchaus nicht unüblich gewesen.

Die Zukunft des Mannes aus Mekka war gesichert, die Ehe hatte ihm einen gewissen Wohlstand verschafft. Was Reichtum und gesellschaftliches Ansehen betrifft, hätte er eigentlich für den Rest seines Lebens ausgesorgt. Kann es noch größere Ziele im Leben geben? Mohammeds Antwort war „Ja".

Lebenskrise

Allmählich traten Veränderungen im Leben des reichen Kaufmanns in Mekka ein. Was aber löste sie aus? Es gilt, zuerst etwas Grundsätzliches zu klären.

Es kann nicht übersehen werden, dass die Urzelle fast aller religiöser Bewegungen dieser Erde nicht in der bitteren Armut und im Hunger der untersten Gesellschaftsschichten zu finden ist, sondern in einer gewissen Übersättigung bürgerlicher bis höherer Klassen beheimatet ist. Das trifft in ganz besonderem Maße auf Menschen zu – egal, ob man sie Gurus, Lehrer, Väter, Propheten, Meister oder Brüder nennt –, wie Buddha, Augustinus, Mohammed und Franziskus, bedingt aber auch auf Konfuzius und Jesus. Der kurz vor dem Hungertod stehende Mensch sucht nach Nahrung, nicht nach dem Lebenssinn. Auch für den Armen, der ums Überleben kämpft, bleibt die Suche nach dem Lebenssinn ein Luxus. Erst wenn das Leben gesichert ist, bekommt das Wort Jesu vom Menschen, der nicht vom Brot allein lebt, einen Sinn und eine neue Dimension.

Das war bei Mohammed nicht anders. Der bürgerliche Wohlstand ist für ihn nicht Auslöser für seinen Existenzbruch, sondern Voraussetzung. Was aber kann als Auslöser dafür angegeben werden, dass aus der religiösen Erfahrung eines einzelnen Mannes eine Weltreligion wurde?

Es sind nur Mutmaßungen, die angestellt werden können, ohne einen Anspruch auf Absicherung anzumelden. Eine behutsame und sensible Antwort versucht Essad Bey in seiner liebevollen Mohammed-Biographie; seine Antwort soll hier kurz skizziert werden.

Mohammed war glücklich und betrieb ruhig seine Geschäfte. Die Zeit verstrich ereignislos. Ernst und wortkarg war er, aber trotzdem den Freuden des Lebens aufgeschlossen. Ab und zu, später immer häufiger, wanderte er durch die Gegenden um Mekka. Vor allem die kahle Gegend um den Berg Hira hatte es ihm angetan, wohin er sich häufig zurückzog, um zu fasten, eine Sitte, die er mit manch anderen Stadtbewohnern teilte. Als sein Onkel Abu Talib in Not geriet, adoptierte er aus Dankbarkeit für seine früher erwiesene Fürsorge dessen Sohn Ali. Dieser sollte später Mohammeds Tochter Fatima heiraten und der vierte Kalif des Islam werden.

Als seine drei Söhne sterben, nehmen seine Grübeleien zu. Er vernachlässigt sein Geschäft, er kann es sich ja leisten. Eine innere Unruhe befällt ihn, die sozialen Missstände unter den Reichen werden ihm immer bewusster, er hat Anteil an der religiösen Erregung, die seiner Zeit eigen ist. Das inhaltslose Leben und der Glaube seiner Landsleute an die Götzen der Kaaba befriedigen ihn nicht. Seine Wanderungen rund um Mekka werden immer zielloser. Innere Leere, religiöse Unrast und der Drang nach Einsamkeit nehmen zu. Sein Lieblingsaufenthalt sind die Höhlen des Berges Hira, östlich von der Stadt. An deren Eingang sitzt der Grübler Mohammed oft tage- und nächtelang, und es wird immer finsterer in seinem Herzen.

Soweit das Psychogramm Essad Beys.

Gottes vergessenes Volk

Eine grübelnde Seele ist nie leer. Qualvolle Fragen setzen Inhalte voraus, Inhalte, die ungeordnet sind. Keine Offenbarung trifft eine unvorbereitete Seele. Keine Religion wird aus dem Nichts gegründet. Islamische Theologen beteuern mit Eifer, dass nichts Fremdes den Koranen beigemischt ist, auch keine eigenen Gedanken des Propheten. Selbst wenn dies wahr sein sollte, wird jeder Psychologe einen seelischen Prozess voraussetzen, der dieses von außen (oder von oben) Kommende auffängt. So ist es beispielsweise höchst unwahrscheinlich, dass jemals ein lutherischer Protestant eine Marienerscheinung haben würde. Es ist daher wichtig, der Einbettung auf die Spur zu kommen, die die ersten Koranoffenbarungen auffangen sollten.

Dass Gott in Offenbarungen zu den Menschen redet, wusste Mohammed von den „Völkern der Schrift", wie er Juden und Christen gern nennt. Die Juden hatten die Thora, das Gesetz, die Christen das Evangelium. Aus ihnen wurde gern zitiert, aber in einer fremden Sprache. Das Rezitieren heiliger Texte ist umso beeindruckender, je mehr Autorität man diesen zubilligt. Wo aber war die heilige Schrift der Araber? Es gab sie nicht. An dieser Tatsache würde sich auch dann nichts ändern, wenn man die heiligen Schriften anderer Völker übersetzte. Stand die Offenbarung Gottes für das Volk der Araber noch aus? Offenbarungen sind nie endgültig, meinte Mohammed bis dahin, denn sonst hätte sich Gott auf eine einzige beschränkt. In Wirklichkeit aber hatte er jedem der „Völker der Schrift" einen eigenen Propheten gesandt: Mose und Jesus. Und beide brachten ihren jeweiligen Völkern ihre jeweilige Offenbarung. Jedes Volk hatte in seinen Augen Anspruch auf eine eigene Offenbarung, die seinen Bedürfnissen und seiner Sprache angepasst war. Mohammed wäre nie Christ geworden; das Christentum war die Religion einer fremden Macht, es widersprach seinem Streben nach religiöser Unabhängigkeit. Obwohl alle Anteil hatten an der einen göttlichen Wahrheit, war das Christentum nur eine Offenbarungsreligion unter anderen.

Und sie sprechen: „Werdet Juden oder Nazarener, auf dass ihr geleitet seid." Sprich: „Nein; die Religion Abrahams, der den rechten Glauben bekannte und kein Götzendiener war, (ist unsere Religion.")

(Sure 2,129)

Das, was der Gottsucher aus Mekka sehnlichst erwartet, wird er in der Vatergestalt des Abraham finden, dessen Glauben er als die Urreligion vor der Religion des Mose und vor der des Nazareners betrachtet. Für Mohammed gehört Abraham zu den „Hanifen", vormosaischen, vorchristlichen und altarabischen Gottsuchern.

Nein, das Volk der Araber ist von Gott nicht vergessen worden. Mit der Glut dieser Sehnsucht ist der Boden bereitet für die eigene Offenbarung. Aber wen würde Gott zu dem Volk ohne Prophet und ohne Buch schicken?

Der Blick ins Jenseits

Die Erkenntnis, dass er es sein sollte, muss ihn anfangs mit voller Wucht getroffen haben. Es war nun aber beileibe nicht so, dass er triumphierend in eine selbst gestrickte Rolle schlüpfte; das Gegenteil ist der Fall: Zittern und Schweißausbrüche überkamen ihn, er konnte nur noch stammeln. Er fürchtete, dem Wahnsinn nahe zu sein. Und er brauchte zwei Jahre, um zur endgültigen Gewissheit zu gelangen, dass er der Gesandte des einen Gottes sein sollte.

Was war geschehen? Es wird im Jahre 610 gewesen sein, als er wieder einmal in einer der Höhlen am Berge Hira um eine Antwort auf seine brennenden Fragen rang. Die Daten rund um das Ereignis sind dürftig, die Auswirkungen gewaltig. Es war in der Nacht Quadr, der Nacht der Wunder, im Monat Ramadan. Als er schläft, so liest es sich in dem Bericht des Ibn Ishaq, tritt der Engel Gabriel zu ihm mit einem Tuch aus Brokat und befiehlt ihm, die Schrift auf dem Tuch zu lesen. Dreimal weigert sich der Überraschte mit dem Hinweis, er könne nicht lesen. Dreimal wird er vom Engel fast zu Tode gewürgt. Was er lesen solle, fragt er ihn. Die Antwort des Engels wird der erste Koran sein, die erste Stimme aus dem Jenseits, die ihn erreicht, das erste Wort Gottes an Mohammed. Es ist die berühmte 96. Sure:

Lies! Im Namen deines Herrn, der erschuf,
Erschuf den Menschen aus geronnenem Blut.
Lies, denn dein Herr ist allgütig,
Der die Feder gelehrt,
Gelehrt den Menschen, was er nicht gewusst.
Fürwahr! Siehe, der Mensch ist wahrlich frevelhaft,
Wenn er sich im Reichtum sieht.
Siehe, zu deinem Herrn ist die Rückkehr.
Sahst du den, der da wehrt
Einem Knecht (Allahs), wenn er betet?
Sahst du, ob er geleitet war
Oder Gottesfurcht gebot?

Sahst du, ob er der Lüge zieh und sich abkehrte?
Weiß er nicht, dass Allah sieht?
Fürwahr, wahrlich, wenn er nicht ablässt, so ergreifen wir ihn bei der Stirnlocke,
Der lügenden, sündigen Stirnlocke.
So rufe er seine Schar;
Wir werden die Höllenwache rufen.
Fürwahr, gehorche ihm nicht, sondern wirf dich nieder und nahe dich (Allah).

Die ganze Sure gibt nicht nur Laien Rätsel auf. Ganze Bücher sind darüber geschrieben worden. Wer die arabische Umschrift liest, bekommt eine Ahnung, dass der Urtext doch nicht so holprig ist wie im Deutschen. Die ersten zwei Verse enden mit drei Reimen: rabbak / halaq / alaq. Die nächsten drei Reimendungen lauten: l-akram / bi-l-qalam / lam ya'lam (Umschrift nach Günter Lüling). Alaq als „geronnenes Blut" wird in der traditionellen Übersetzung von Rudi Paret mit „Blutklumpen" wiedergegeben, Lüling hält neben der Bedeutung „Embryo", „Blutgerinnsel" oder „Samentropfen" auch „etwas, was zusammenhaftet" für möglich: „Lehm". Damit legt er eine Spur zu seiner Generalthese, dass in Sure 96 und anderen (nicht allen!) ein vorislamischer-christlicher Urtext zugrunde liegt, was hier nur kommentarlos erwähnt werden kann.

Die „Feder" von Vers 4 wird von Paret mit „Schreibrohr" übersetzt. Nach Lüling wäre folgender Sinn möglich: „Der durch das Schreibrohr gelehrt hat (die offenbarte Schrift), was der Mensch (zuvor) nicht wusste". In dem Falle hätte das „iqra'" (lies!) mehr den Sinn von „Trage vor! Rezitiere!", und zwar das, was Gott zu offenbaren gedenkt.

Die unter Exegeten umstrittene Frage, inwieweit die Verse 1 bis 5 ein besonderes Fragment darstellen, der mit dem Rest in keinem direkten Zusammenhang steht, kann nur angedeutet werden.

Es heißt, dass Mohammed erwachte, sich erhob und aus der Höhle taumelte, um auf den Berg zu steigen. Auf halber Höhe sah er eine Gestalt am Himmel, die ihm zurief: „O Mohammed, du bist der Gesandte Gottes, und ich bin Gabriel!" Dasselbe wiederholte sich; wohin er auch blickte, sah er Gabriel, dessen Füße den Horizont des Himmels berührten (Ibn Ishaq).

Hier ergibt sich eine Schwierigkeit, die in vielen Büchern übersehen wird. Das erste Gesicht findet nachts statt, das zweite am Tag, als der Horizont zu sehen ist. Sure 81 bestätigt dies:

Und nicht ist euer Gefährte besessen;
Wahrlich er sah ihn am klaren Horizont …
(Vers 22f)

Beides, die Nachtangabe und der klare Horizont, passt schlecht zusammen. Bei weiterer Nachforschung fällt Folgendes auf: Erscheint bei Ibn Ishaq die Gestalt mit gekreuzten Beinen am Horizont, sieht Mohammed nach Ibn Saad nur das Gesicht des Engels am Himmel. Bedenkt man weiter, dass bei Buhari nur die nächtliche Vision in den Worten von Mohammeds späterer Frau Aischa erwähnt wird, während die Engelsgestalt am Horizont (die dieses Mal auf einem Thron saß, der zwischen Himmel und Erde stand) in anderem Zusammenhang von einem anderen Gewährsmann erzählt wird, muss man zu folgendem Schluss gelangen: Es handelt sich um zwei recht glaubhafte, aber getrennte Erzählungen von Mohammeds Berufung, die Ibn Ishaq zu einer einzigen verknüpft hat.

Welche aber ist die ursprüngliche? Für die Horizont-Version spricht, dass sie im Koran erwähnt wird:

Und aufrecht stand er [Gabriel] da,
Im höchsten Horizont;
Alsdann nahte er sich und näherte sich,
Und zwar zwei Bögen entfernt oder näher,
Und offenbarte seinem Diener, was er offenbarte.
Nicht erlog das Herz, was er sah.
Wollt ihr ihm denn bestreiten, was er sah?
Und wahrlich, er sah ihn [Gabriel] ein andermal
[bei seiner Himmelsreise] …

(Sure 53,6–13)

Sure 96 kennt dagegen nur den Befehl zum Lesen, nicht aber die Gewaltszene in der Höhle durch den Engel. Für diese Version spricht die allgemeine Überzeugung, dass Sure 96 die älteste im Koran ist.

Mohammed taumelte nach Hause, trotz Schweißperlen fror ihm, und Chadidscha musste ihn in eine Decke einhüllen. Die Anfangskorane wurden stets in ähnlicher Weise empfangen: Der Körper zitterte, wilde unzusammenhängende Laute wurden ausgestoßen, und schweißgebadet sank er zu Boden. Ein derartiges Phänomen mit einem epileptischen Anfall zu erklären ist weder fair noch richtig. Zum einen kann man jeden unliebsamen Religionsstifter damit diskriminieren, und zum anderen hat der Epileptiker keine Erinnerung an die Zeit seines Anfalls. Diese aber ist für die Wiedergabe einer auditiven Vision unbedingt notwendig.

Aischa berichtete, wie sie einmal ihren Mann bei dem Empfang einer Offenbarung beobachtete: „Es war ein sehr kalter Tag. Als die Offenbarung vorüber war, tropfte ihm der Schweiß von der Stirn."

Als Mohammed einmal gefragt wurde, wie er denn eine Offenbarung empfange, antwortete er: „Manchmal kommt sic über mich wie cin Glockengeläute. Das ist für mich die beschwerlichste Art der Offenbarung. Sie bricht ab, wenn ich vernommen habe, was offenbart wurde. Manchmal erscheint mir der Engel in Gestalt eines Mannes. Er spricht zu mir, und ich präge mir seine Worte ein." (zit. n. al-Buhari, I, 1)

Tief empfundene Wahrheit wird nur selten eingeschlossen, sie drängt nach außen. Wird die neue Wahrheit von der Außenwelt abgelehnt, bleiben Propheten Sektierer. Wird sie weitgehend angenommen, durchbricht die Sekte ihre Verpuppung und tritt in das Licht der Geschichte. Aber noch ist es nicht so weit.

Die erste Person, die an ihn glaubt, ist die treue Chadidscha. Die ersten Anhänger rekrutieren sich aus seiner näheren Familie. Vetter und Adoptivsohn Ali, gerade zehn Jahre alt, ist begeistert, ebenso der freigelassene und ebenfalls adoptierte Sklave Zaid. Er dürfte der erste männliche Erwachsene des Islam gewesen sein, im Gegensatz zur gängigen Behauptung, Abu Bakr (auch Abu Bekr) sei es gewesen, zwar von schlichter Herkunft, aber ein reicher Tuchhändler oder Bankier. Dieser, drei Jahre jünger als sein Meister, wird der wichtigste Mann für den Propheten werden, in jederlei Hinsicht: Abu Bakr wird seine Tochter Aischa an Mohammed verheiraten und sich zum bedingungslosesten Getreuen entwickeln, an dem nie ein Hauch von Zweifel haften blieb. Dass er der erste Kalif werden würde, ist nur zu verständlich.

Welche Kämpfe sich im Innersten des künftigen Propheten abspielten, ist nur zu vermuten. Gewissheit und Selbstzweifel werden sich abgewechselt haben. Als die Offenbarungen eine Zeit lang ausblieben, war Mohammed verzweifelt. Angeblich dachte er an Selbstmord. Schließlich senkte sich aber die berühmte Sure „Klarheit/Der lichte Tag“ auf ihn herab: „Dein Herr hat dich nicht verlassen und nicht gehasst!“ Und: „Wahrlich, geben wird dir dein Herr, und du wirst zufrieden sein.“ (Sure 93)

Die kleine Gemeinschaft wuchs im ersten Jahr auf acht, dann auf zwanzig Anhänger. Irgendwann um das Jahr 613/14 beschloss Mohammed, bestärkt durch Gabriel, öffentlich aufzutreten. Was er sich anfangs einhandelte, waren Misserfolg, Hohn, Gelächter und Spott. Die Legende sieht das anders: Die Erde bebte, Kreuze schwankten, und der Herrscher von Byzanz hatte einen bösen Traum.

Was kläglich anfing, sollte gewaltig enden. Die Geburtswehen der neuen Religion währten recht lange und waren erst dann vorbei, als sich der Prophet 622 von Mekka abwandte. Was war der Grund? Was störte die Mekkaner so heftig an der neuen Botschaft, von der nicht einmal Mohammed bis dahin wusste, dass es eine neue Religion sei?

Es wird häufig betont, dass die reichen Kuraischiten durch den drohenden Sturz der alten Götter ihre Geschäfte bedroht sahen. Dies aber ist nicht sehr wahrscheinlich. Viel mehr spricht dafür, dass es die Kontinuität der Sippentradition und der damit verbundene Zusammenhalt der Familien waren, um die man besorgt war. Die Mekkaner hingen am Glauben ihrer Väter, der in Ermangelung eines Nationenbegriffs die Sippe zusammenhielt. Eine Anerkennung der Autorität des neuen Propheten wäre für Mekka ein Bruch mit der bestehenden Gesellschaftsautorität gewesen (Rodinson).

Dass dabei auch Verlustängste im Spiel waren, darf angenommen werden. Das Beharren auf alten Glaubenspositionen hat seine Wurzel immer in Aspekten der Machterhaltung. Die eigentliche Ursache aber für die entsetzte Zurückweisung ist woanders zu suchen. Sie ist identisch mit der Erschütterung Mohammeds, als er seinen Blick ins Jenseits werfen durfte. Sieht man von der psychologischen Wucht der Erkenntnis ab, Gesandter Gottes zu sein, muss es eines der beiden Grundelemente seiner Verkündigung gewesen sein, die ihn bestürzt haben. Das eine Hauptelement seines Glaubens – es gibt nur einen Gott – wird schwerlich einen Schrecken ausgelöst haben. Er hatte das schon immer geahnt, zwar nicht in der nun offenbarten Schroffheit, aber doch in seiner uralten Abscheu vor den mekkanischen Götzen. Diese Abscheu war an seiner stetigen Bewunderung für den konsequenten Monotheismus der Juden und Christen gewachsen.

So bleibt nur das zweite Grundelement, das in der empfangenen Offenbarung einen primären Rang einnimmt: die unbeirrte Überzeugung von dem Wissen, dass am Ende der Zeiten ein schreckliches Ereignis für alle Menschen eintreten würde, das Jüngste Gericht, der Jüngste Tag, der entscheiden sollte zwischen dem letztendlichen Ja oder Nein Gottes zum Menschen. Es ist an dieser Stelle völlig belanglos, ob es die jüdisch-apokalyptischen Vorstellungen oder die christliche Predigt von der Letztverantwortung des Menschen vor Gott waren, die seine Überzeugung ausgelöst haben! Wichtig ist, dass der arabische Mensch, der bis dahin keinen Begriff von Sünde hatte, sondern nur den Begriff von Schuld, die man in Form einer Wiedergutmachung tilgen kann, konfrontiert wurde mit der Drohung, dass es etwas wie Vergeltung gäbe. Und das sogar noch nach seinem Tod!

Zu der Unvorstellbarkeit der Drohung trat noch die fremde Lehre von einer Auferstehung, die für eine Gerichtsvorstellung grundlegend ist. Sie erschien nicht nur unvorstellbar, sondern auch lächerlich. Bis dahin hatte der Mensch der Wüste die Regularien für Schuld und Recht selbst in der Hand. Der Schutz des Lebens wurde durch die Blutsbande gewährt; die Blutrache ersetzte das Gesetz und verhalf der Sippe zu ihrem Recht. War es opportun, konnte ein Mord notfalls als Schaden reguliert werden, der in Form von Zahlungen wieder gutgemacht werden konnte. Recht und Moral blieben innerhalb der Sippe und somit in der alleinigen Verfügung des Menschen. Und das sollte jetzt nicht mehr gelten?

Dass dem nicht ganz so war, konnte der Mekkaner noch nicht wissen. Mohammed sollte am Islam später rühmen, dass neben dem Vergeltungsprinzip von Juden und Christen zusätzlich noch das Prinzip der Wiedergutmachung verankert blieb.

Die herrschende Klasse Mekkas konnte sich mit dem Gedanken an ein jenseitiges Gericht nicht anfreunden. Dies wäre nicht weiter schlimm gewesen, wären da nicht diejenigen, die ihre Herzen für die neue Lehre weit öffneten: die Armen, die Sklaven, die Freigelassenen und andere, die dem Reichtum und der Habgier der sesshaft gewordenen Beduinen zum Opfer gefallen waren. Sie waren offen für die Forderungen, keine Sklaven zu töten, keinen Zins zu verlangen und Almosen zu geben. Damit war er bereits da, der Riss mitten durch die Gesellschaft Mekkas. Wer daran die Schuld trug, war klar.

Allahs Strafen, Allahs Gärten

Von einer „Renaissance in der Wüste" zu sprechen ist sicher zu hoch gegriffen, aber vielleicht war die Zeit reif für die Sehnsucht des Individuums nach dem eigenen Heil, einem Heil, das unabhängig von der Zugehörigkeit zu einer bestimmten Sippe verheißen wurde. Die Vorstellungen von Paradies und Hölle werden heute oft als archaische Fiktionen belächelt. Übersehen wird dabei aber, dass gerade sie die Gewähr für die Erfüllung dieser Sehnsucht nach unvergleichlicher Einmaligkeit bieten. Unabhängig vom Glaubensstand des Lesers muss betont werden, dass die Worte Paradies und Hölle begriffliche Klammern für die Einzelverantwortung des Menschen darstellen.

Mohammeds Begrifflichkeiten sind in seiner sprachlichen Schönheit massiv, wuchtig, drohend. Er will die Menschen warnen; es ist ein Auftrag, den er von Gott ableitet.

Zur Entschuldigung oder Warnung:
Siehe, was euch angedroht wird, wahrlich, es trifft ein.
Und wenn die Sterne verlöschen
Und wenn der Himmel sich spaltet,
Und wenn die Berge zerstäuben
Und wenn den Gesandten ein Zeitpunkt bestimmt wird –
Für welchen Tag ist der Termin gegeben?
Für den Tag der Trennung.
(Sure 77,6–13)

Wenn der Himmel sich spaltet,
Und wenn sich die Sterne zerstreuen,
Und wenn sich die Wasser vermischen,
Und wenn die Gräber umgekehrt werden,

Dann weiß die Seele, was sie getan und unterlassen hat.
O Mensch, was hat dich von deinem hochsinnigen Herrn abwendig gemacht,
Der dich erschaffen, gebildet und geformt hat …?
Fürwahr, und doch leugnet ihr das Gericht.
Aber siehe, über euch sind wahrlich Hüter,
Edle, schreibende,
Welche wissen, was ihr tut.
(Sure 82,1–12)

An jenem Tage wird der Himmel sein wie geschmolzenes Erz,
Und die Berge werden sein wie gefärbte Wolle,
Und nicht wird fragen ein Freund den Freund,
Wiewohl sie einander anschauen. Gern möchte sich dann der Sünder loskaufen von der Strafe an jenem Tag und seine Kinder …
Keineswegs; siehe, die Glut,
Zerrend am Skalp, ruft jeden …
(Sure 70,8–17)

Wenn die Erde erbebt in ihrem Beben
Und die Erde herausgibt ihre Lasten
Und der Mensch spricht: „Was fehlt ihr?“,
An jenem Tag wird sie ihre Geschichten erzählen,
Weil dein Herr sie inspiriert.
An jenem Tage werden die Menschen in Haufen hervorkommen, um ihre Werke zu schauen;

Und wer auch nur Gutes im Gewicht eines Stäubchen getan, wird es sehen.
Und wer Böses im Gewicht eines Stäubchens getan, wird es sehen.
(Sure 99)

Der Mond wird sich verfinstern und sich mit der Sonne vereinen, heißt es in Sure 75,8f.

Kann es sein, dass folgende Sure an Matthäus 25,33ff erinnert und somit eine christliche Entlehnung ist?

(Wenn die Berge gleich zerstreuten Atomen werden),
werdet ihr drei Arten sehen:
Die Gefährten der Rechten – was sind die Gefährten der Rechten?
Und die Gefährten der Linken – was sind die Gefährten der Linken?
Und die Vordersten (auf Erden), die Vordersten
(auch im Paradiese).
(Sure 56,6–10)

Bei der folgenden Warnung kommen auch rein arabische Entlehnungen vor; zudem scheint die von Mohammed bekämpfte Unsitte der Tötung neugeborener Mädchen durch:

Wenn die Sonne zusammengefaltet wird
Und wenn die Sterne herabfallen
Und wenn die Berge sich rühren

Und die hochschwangeren Kamelstuten vernachlässigt werden …
Und wenn das lebendig begrabene (Mädchen) gefragt wird,
Um welcher Sünde willen es getötet ward …
Dann wird jede Seele wissen, was sie getan hat.

(Sure 81,1ff)

Auch die Höllenqualen werden sehr konkret ausgemalt:

Wer will, der glaube, und wer will, der glaube nicht. Siehe, für die Sünder haben wir ein Feuer bereitet, dessen Rauchwolke sie rings umgeben soll. Und wenn sie um Hilfe rufen, dann soll ihnen geholfen werden mit Wasser gleich flüssigem Erz, das ihre Gesichter röstet. Ein schlimmer Trank und ein übles Ruhebett.

(Sure 18,28)

Für den Tag der Rechenschaft gibt es für die Ungerechten eine böse Einkehr:

Dschahannam [die Hölle], in der sie brennen werden; und schlimm ist der Pfühl.
So ist's; so mögen sie sie schmecken! Siedend Wasser und Jauche
Und anderes der Art dazu.
„Diese Schar soll mit euch zusammen kopfüber hineingestürzt werden. Kein Willkomm ihnen! Siehe, brennen sollen sie im Feuer!"

(Sure 38,56ff)

Wer Schwierigkeiten hat mit dem islamischen Dogma, es handle sich um Gottes originäre Worte ohne persönliche Beimischung des Propheten, wird nicht umhinkommen, bestimmte Kenntnisse Mohammeds vom Jüngsten Gericht zu vermuten, die er auf seinen Reisen gesammelt hat, sei es bei Mönchen und Asketen, auf Mosaiken und Gemälden in Kirchen, Klöstern und Einsiedeleien, sei es durch Missionsversuche christlicher Prediger.

Anstoß an der Massivität der verwendeten Bilder zu nehmen ist von christlicher Seite aus nicht angebracht: Die mittelalterlichen Malereien mit ihren grellen Höllenmotiven stehen dem Erwähnten in nichts nach.

Dasselbe gilt für den Blick in das Paradies, das im Koran meist Garten der Wonne, Eden oder Hof des Heils heißt. Auch die bunten Ausmalungen paradiesischer Wonnen haben christliche Vorbilder. Ahrens hat nachgewiesen, dass gerade die syrische Kirche in der Gestalt ihres Kirchenvaters Ephraem Syrus (gest. 377) unbedenklich massivste Verzerrungen biblischer Verheißungen gezeichnet hat. Es muss allerdings auch gesagt werden, dass der Islam diese volkstümlichen Paradiesausmalungen noch mit einer Schlaraffenvorstellung überbietet, die sogar Geschlechtsverkehr und Zeugung einschließt. Andrae spricht in diesem Zusammenhang wohl mit Recht von einem „krassen Materialismus der Jenseitsvorstellungen", der eine alte Erbschaft des volkstümlichen Christentums sei. Abmildernd kann man auch die Meinung vertreten, diese massiven Genussbeschreibungen seien lediglich metaphorische Andeutungen und Vergleiche mit irdischen Begrifflichkeiten. Charakteristisches

Bild für die Wonnen des Paradieses sind folgende zwei Koranzitierungen:

(Die Vordersten im Paradies) sind die (Allah) nahe Gebrachten,
In Gärten der Wonne.
Eine Schar der Früheren und wenige der Späteren
Auf durchwebten Polstern,
Sich lehnend auf ihnen einander gegenüber.
Die Runde machen bei ihnen unsterbliche Knaben
Mit Humpen und Eimern und einem Becher von einem Born …
Und Früchte, wie sie sich erlesen,
Und Fleisch vom Geflügel, wie sie's begehren,
Und großäugige Huris [Jungfrauen] gleich verborgenen Perlen
Als Lohn für ihr Tun.
Sie hören kein Geschwätz darinnen und keine Anklage der Sünde;
Nur das Wort: „Frieden! Frieden!"
Und die Gefährten der Rechten – was sind die Gefährten der Rechten?
Unter donnerndem Lotos
Und Bananen mit Blütenschichten
Und weitem Schatten
Und bei strömendem Wasser
Und Früchten in Menge …

(Sure 56,11–25)

Siehe, diejenigen, welche glauben und das Gute tun – siehe, nicht lassen wir verloren gehen den Lohn jener, deren Werke gut sind. Für jene sind Edens Gärten, durcheilt von Bächen. Geschmückt werden sie darinnen von Gold und gekleidet in grüne Kleider von Seide und Brokat, sich lehnend darinnen auf Diwanen. Ein herrlicher Lohn und eine schöne Ruhestätte.

(Sure 18ff)

Was ist der Islam?

Es fehlt nicht an Versuchen, den Islam in einer neuen Sicht darzustellen und dadurch Originalität zeigen zu wollen. Der Islam sei ein „kulturelles System", er sei der „Entwurf einer Gesellschaftsordnung". In diese Richtung geht auch die interessante, aber nicht unbedingt richtige Deutung von Hubert Grimme. Für ihn steht das unsoziale Verhalten der Mekkaner im Vordergrund, die mit ihrer Sucht nach Besitz, mit Betrug und sinnlosem Vergeuden Dürftige leiden ließen und Bettler abwiesen. Mohammeds Versuch, Gleichheit mit friedlichen Mitteln herzustellen, reichte nicht aus, „so stellte er hinter dieselbe als geistiges Zwangsmittel die Lehre vom Weltgerichte".

Alle diese Versuche treffen irgendetwas Richtiges, aber nicht das Ganze.

Ein Lexikonartikel nennt den Islam eine „synkretistische und eklektizistische Zusammenführung mehrerer Religionen". Das ist eine nicht falsche, aber recht negative Sicht, die bedingt auch auf die Praxis anderer Religionen zuträfe. Vielleicht sollte man lieber von einer lebendigen und persönlichen Synthese Mohammeds sprechen, in der er die geistigen Möglichkeiten seiner Zeit zusammengefasst (Andrae) hatte.

Sein Ansatz war nie ein rein sozialer, nie ein rein kultureller. Nein, es war ein rein religiöser Ansatz, geboren aus einer Gotteserfahrung, die ihn in seiner tiefsten Existenz traf.

Hier liegt der Grund, warum er sich Gott total unterwarf. Deshalb heißt Islam „Unterwerfung", „Hingebung" an Gott. Es ist das Verbalsubstantiv der hebräisch-arabischen Wurzel „slm" (schalom/salam = Friede): In der Hingebung erfährt der Mensch Frieden. Und die Partizipform von Islam ist Muslim (gebräuchlicher: Moslem), „der sich Gott Hingebende".

Der Islam ist eine einfache Religion oder, mit den Worten von Essad Bey, die Religion mit den maximalen Möglichkeiten und den minimalen Forderungen.

In einem Hadith des Buhari ist eine Begebenheit zu lesen, die diese Behauptung auf eine gefällige Art unterstreicht.

Ein Beduine kam zum Propheten und fragte ihn: „Was muss ich tun, um ins Paradies zu kommen?" Der Prophet erwiderte: „Diene allein Gott und schreib ihm keine Teilhaber an seiner Göttlichkeit zu. Verrichte das vorgeschriebene Gebet, bezahl die gesetzliche Abgabe [Almosen] und faste im Monat Ramadan!" Der Beduine sagte: „Bei dem, in dessen Hand ich mich befinde!

Ich werde genau das tun, was du gesagt hast, nicht mehr und nicht weniger!" Nach diesen Worten entfernte er sich.
Der Prophet wandte sich seinen Gefährten zu und sagte: „Wenn ihr einen Mann sehen wollt, der ins Paradies eingehen wird, dann schaut euch diesen Beduinen an!"
(XVI, 1)

In dieser Erzählung sind bereits vier der fünf Grundpflichten oder Grundpfeiler des Islam erwähnt:

1. der Glaube an den einen Gott, dessen Prophet Mohammed ist,
2. das fünfmalige tägliche Gebet,
3. das Almosengeben,
4. das Fasten im Ramadan.

Der fünfte Pfeiler wird die einmalige Wallfahrt nach Mekka sein.

Glaube und Politik

Als Mohammed die Vergeblichkeit seines Wirkens in Mekka einsehen musste, drohte damit auch der Zusammenbruch einer Vision. Für ihn war es undenkbar, seine Gottesbotschaft aus der Gesamtvision einer einheitlichen sozialen und politischen Ordnung herauszulösen, da der Koran den Anspruch erhebt, private und öffentliche Lebensaspekte gleichermaßen zu regeln. Der Islam ist eine politische Religion, Religion und Staat bilden eine Einheit. Die ideale Gesellschaftsordnung ist da gegeben, wo die Einstimmigkeit des

Gottesvolkes die Einzigkeit Gottes widerspiegelt (Peter Scholl-Latour).

Ob diese ideale Gesellschaftsordnung jemals erreicht werden wird oder ob die Einheit von Politik und Religion nicht das Todesurteil für jede Freiheit bedeutet, ist eine Frage, die nicht vorurteilsfrei beantwortet werden kann.

Ausgehend von der islamischen Voraussetzung, dass nicht nur das politische Tun des Einzelnen, sondern auch das staatliche Tun eine notwendige Folge des Glaubens ist (ähnlich wie im Christentum Glaube und Werke nicht zu trennen sind), wird die Berechtigung dafür gesehen, die im Folgenden beschriebenen politischen und auch kriegerischen Ereignisse bis zum Tod des Propheten ebenfalls unter dem Oberkapitel „Glaube" abzuhandeln. Dies fällt nicht immer leicht, besonders wenn man mit zum Teil blutrünstigen Ereignissen konfrontiert wird, die im Licht des islamischen Glaubens gesehen werden müssen.

Die Treppe in den Himmel

Die Feindschaft der Kuraischiten nahm zu. Ein Boykott der Gläubigen und offene Nachstellungen führten zu einer ersten Auswanderung von ca. 70 Gläubigen in das christliche Abessinien. Ein englischer Islamist meint zu wissen, dass der Prophet einige missliebige Anhänger mit dieser abessinischen Gruppe ins Exil abschob.

Trotz Bann und Hunger verblieb der Geächtete in der Stadt, Onkel Abu Talib hielt seine schützende Hand über ihn. Sein Verharren war nicht ganz erfolglos. Als der Haudegen Omar mit dem Schwert in der Hand den Prophet ermorden will, erfährt er, dass seine Schwester bereits heimliche Anhängerin des Islam ist. Er entreißt ihr wütend ihre Koranlektüre, liest – und ist von der neuen Lehre begeistert. Er stürmt zum Propheten, das Schwert immer noch in der Hand, und bekennt sich vor der beinahe zu Tode erschrockenen versammelten Gemeinde zu Allah und seinem Abgesandten. Dieser Omar wird der zweite Kalif werden und den Felsendom in Jerusalem erbauen.

Im Jahre 619 ziehen dunkle Wolken auf: Der Onkel stirbt, kurz darauf seine Frau Chadidscha.

Da verkündet der Prophet zum Entsetzen seiner Anhänger, dass ihn der Erzengel Gabriel des Nachts mit dessen himmlischem Ross al-Buraq zu Jerusalems Tempelmauer gebracht hatte, wo er auf einer himmlischen Treppe in den Himmel steigen durfte. In jedem der sieben Himmel wurde er von einem anderen Hausherrn begrüßt: von Adam, Noah, zwei gigantischen Engeln, Aaron, Mose und, an der Tür zum siebten Himmel, von Erzvater Abraham. Selbst Gabriel musste zurückbleiben, als Mohammed vor das von 70 Schleiern verdeckte Antlitz Gottes treten durfte, der 99.000 Worte zu ihm sprach. Auch einen Blick in die Hölle durfte er werfen (wo er mehr Frauen als Männer erblickte!).

Ibn Ishaq berichtet von einer Überlieferungskette, in der das Aussehen von Abraham, Mose und Jesus beschrieben wird. Abraham sei ihm, Mohammed, sehr ähnlich gewesen; Mose hätte eine rotbraune Haut mit Kräuselhaar und Hakennase, Jesus dagegen eine helle Hautfarbe, glattes Haar, viele Flecken im Gesicht, als sei er gerade aus dem Bad gekommen.

Diese Himmelsvision hat Mohammed aufgerüttelt. Er berichtet vor der Kaaba von seiner Himmelsreise. Dass dieser Bericht mit Hohngelächter vernommen wird, ist verständlich. Seine Anhänger schämen sich. Selbst der getreue Abu Bakr kann es nicht glauben und wankt anfangs.

Die Himmelsreise als eine reale Begebenheit zu sehen, verbietet die oftmalige Klassifizierung bei Ibn Isahq als „Traumgesicht". Im Koran beteuert Gott seinem Gesandten:

> *Wir bestimmten das Gesicht, das wir dich sehen ließen,*
> *nur zu einer Versuchung für die Menschen …*
> (Sure 17,62)

Die Stadt des Propheten

Der Entschluss, die Stadt zu verlassen, war sicher kein leichter, aber er war unumgänglich. Doch wohin sollte er sich wenden? Er denkt an die Stadt Taif. Zehn Tage verbringt er dort, ohne Erfolg.

Doch das Schicksal ist ihm gewogen. Die Kunde von dem Auftreten eines unliebsamen Propheten hat sich durch die Dichter der Wüste herumgesprochen und auch das knapp 500 Kilometer entfernte Jathrib erreicht. In einer Schlucht bei Aqaba treffen ein paar Beduinen aus Jathrib mit ihm zusammen, ein Jahr später sind es zwölf Männer und Frauen, die ihr Interesse bekunden, ihn in ihre Stadt zu holen.

Die ersten religiösen Übereinkünfte werden quasi vertragsmäßig getroffen, die Leute von Jathrib legen sich fest, auf Vielgötterei, Ehebruch, Diebstahl und Tötung von Kindern zu verzichten, und geloben Allahs Propheten Gehorsam.

Mohammed zögert immer noch. Er schickt einen Koranleser voraus, der die Details klären und die Bewohner in den offenbarten Koranen unterweisen soll. Dann ist es so weit, eine zweite Auswanderungswelle verlässt Mekka, dieses Mal in Richtung Jathrib. Nur Ali, Abu Bakr und Mohammed bleiben bis zur letzten Minute zurück. Heldenmut oder Dramaturgie? Vielleicht wollte Mohammed nicht einer unter anderen sein, dem die anderen dann folgten (Rodinson). Sollen Ereignisse bedeutsam sein, müssen sie in Szene gesetzt werden. So wäre ein triumphaler Einzug in Jathrib als Abschluss der mekkanischen Emigration sicher keine schlechte Inszenierung.

Die traditionelle Geschichtsschreibung berichtet von den Mordplänen der Kuraischiten. Sie senden Mörder aus, um die Flucht des Propheten zu verhindern. Oder war es ihre wirkliche Absicht, ihn in Mekka zu halten, da er als Machthaber von Jathrib für sie gefährlicher sein konnte?

Mit der abenteuerlichen Flucht durch die Wüste beginnt die zweite Phase des Islam. Aus dieser Phase wird am Ende eine große neue Religion die Bühne der Welt betreten.

Die Reiter Mohammed und Abu Bakr preschen durch die Wüste, hinter ihnen die Verfolger aus Mekka. Die Flucht der Kinder Israels aus Ägypten, ebenfalls von Verfolgern bedrängt, klingt an. Und auch jetzt geschieht das Wunder der Rettung. Die beiden Flüchtenden verstecken sich in einer Höhle. Als die Verfolger die Höhle absuchen wollen, sehen sie, dass Tauben gerade ein Nest am Eingang bauen. Nach einer anderen Version sehen sie ein Spinnennetz vor dem Höhleneingang: unmöglich, dass vor kurzem Menschen die Höhle betreten haben können. In wieder einer anderen Version durchbrechen die Sucher das Netz der Spinne und verrichten ihre Notdurft in der Höhle. Die richtig Erleichterten dürften aber in Wahrheit die beiden Flüchtenden gewesen sein. Ermattet und durstig kommen sie endlich in Quba an, einem Vorort von Jathrib. Der jüdische Bauer Nairuz sieht sie und gibt ihnen zu trinken, als sie unter einem Obstbaum Schatten suchen.

Es ist der 24. September 622. Die Hidschra ist zu Ende, die Flucht aus Mekka, die Auswanderung – eine neue Zeit beginnt, dieses Mal im wörtlichen Sinn: Im Jahre 638 wird die Zeit neu gerechnet. Die Ankunft in dem kleinen Ort Quba wird auf den Anfang des Jahres vorverlegt und somit der 16. Juli 622 als Beginn einer neuen Zeitrechnung festgesetzt.

Mohammed bleibt vier Tage in Quba, bis er aufbricht und in Jathrib einreitet. Begleitet wird er von einer Reitereskorte. In der Rechten hält er das Schwert. Der Machtanspruch ist unübersehbar. Am Wegesrand stehen die Menschen und schauen.

*

Eine fremde Stadt wirbt um einen Propheten, nimmt ihn auf und akzeptiert seine religiöse Autorität! Wie konnte es dazu kommen? Ein kurzer Blick auf die Geschichte von Jathrib hilft weiter.

Der Name leitet sich angeblich von dem legendären Häuptling der Amalekiter Jathrib ab (Essad Bey). Die Angabe der Einwohnerzahl schwankt, es ist von 3000 bis 14.000 Bewohnern die Rede. Darunter sind viele Juden, die in drei Stämmen organisiert sind. Sie nennen Jathrib auf Aramäisch Medinta. Arabisch heißt dies „al-madina“ und bedeutet schlichtweg „die Stadt“. Die Ableitung von „elmedinet en Nebi“, die Stadt des Propheten, dürfte sekundär sein. Neben den Juden siedeln noch zwei arabische Stämme in Medina, wahrscheinlich jemenitischer Herkunft.

Es gab keine einheitliche Machtstruktur in der Stadt, Fehden zwischen den Stämmen waren an der Tagesordnung, und in diesem Machtvakuum gab es die gemeinsame Furcht, entweder in Anarchie zu versinken oder einem mächtigen Gegner zur Beute zu fallen.

Um die Lage zu stabilisieren, bedurfte es einer Autorität, die von allen mitgetragen wurde. Die Juden, die auf einen eigenen Propheten warteten, hörten gern, dass der Gott Mohammeds auch ihr eigener Gott war. Die Beduinen legten Wert darauf, der Propheten- bzw. Messiaserwartung der Juden einen eigenen Propheten entgegenzustellen. Dies könnte eine gute Ausgangsbasis für eine Autorität werden, die als ausschlaggebender Machtfaktor die Gegensätze zusammenzuhalten in der Lage wäre.

Als Erstes galt es, das Zusammenleben zu regeln. Die Auswanderer waren ihrer Familien und ihres Stammes beraubt. Ein Ersatz für die Blutsverwandtschaft musste geschaffen werden, der gleichzeitig auch die verfeindeten Stämme verbinden konnte. Diese neue Familie war die Umma (Omma), die einheitliche Gemeinde des Islam. Was für Medina galt, sollte später auch für den Rest Arabiens gelten. Der Partikularismus der selbständigen Sippen wurde zugunsten der neuen Einheit der Gläubigen zerrüttet. Die große Familie des Islam ersetzte die früheren Blutsbande.

Anfangs wurde sogar in einem Vertrag festgelegt, dass auch Juden und Heiden Anspruch auf den Schutz der neuen Familie hätten, wenn sie dem Propheten folgten.

Die neuen, die Blutsbande ablösenden Glaubensbande verlangen eine sichtbare Einheitlichkeit, innere Einheit braucht ein äußeres Symbol: ein „masschid", ein Heiligtum, das sowohl als Kultzentrum als auch als profaner Mittelpunkt dienen kann. Als Ort dafür wird die Stelle ausgesucht, an der sein Kamel am Tag seines Einzugs in Medina zum ersten Mal Halt machte. Das Kamel kniete nieder und markierte den Ort für die erste Moschee des Islam.

Von dieser Mutter aller Moscheen sind heute nur noch unbedeutende Reste erhalten, die später in die neue prunkvolle Moschee mit dem Grab des Propheten integriert wurden. Sie bestand ursprünglich aus einer Reihe von Räumen, die an einen 50 mal 50 Meter großen Hof angrenzten. Eine drei Meter hohe Mauer aus ungebrannten Ziegeln, durchbrochen nur von Toren, umzäunte den Bezirk. Diese Moschee war nichts anderes als der Wohnort des Propheten und der Versammlungsplatz. Als Gebetsraum diente später eine an der Nordseite angebaute Laube, die aus Palmstämmen bestand und überdacht war.

Von dieser Keimzelle aus begann Mohammed mit dem sicheren Instinkt für Macht seinen Staat zu organisieren; der Traum vom Staat Gottes rückte näher. Er, der eigentlich nur Anführer seiner Mekkaner und für Medina Schlichter in Streitfragen war, überraschte seine neuen Landsleute mit einer ersten Verfassung. Die Kernpunkte waren: Der Staat übernimmt die Kriegsführung und das Recht auf Blutrache; im Notfall müssen Steuern entrichtet werden; jeder untersteht den Gesetzen des Propheten, der allein über Krieg und Frieden entscheidet.

Unter dem Aspekt der Mittlerrolle des Propheten zu Gott kann man diese Verfassung eine theokratische nennen. Auch wenn es für unsere Ohren befremdlich klingt, bricht hier ein erstes demokratisches Element durch, nämlich die Gleichheit aller Gläubigen untereinander. Gleichheit, aber nicht Freiheit. Der Islam als Bruderschaft!

Die Gläubigen sind Brüder; so stiftet Frieden unter euren Brüdern und fürchtet Allah; vielleicht findet ihr Barmherzigkeit.
(Sure 49,10)

Die Familien Medinas unterwarfen sich dem neuen Gesetz. Dieses Gesetz war ein Staatsstreich, wie ihn Arabien noch nie erlebt hatte, kommentiert Essad Bey: So entstand aus dem Nichts ein Staat.

Mohammeds Macht basierte auf seinen Mekkanern und den Gläubigen in Medina, den „ansar“, den „Helfern“. Eine andere starke Gruppe stellten die „munafiqun“, die „Heuchler“ dar, Menschen, die sich dem Islam anschlossen, aber Bedenken hatten. Der Prophet geißelt sie in Sure 2,7 als diejenigen, „deren Herzen krank sind“. Sie unterstützten ihn nur, wenn es ihnen opportun erschien. Letztlich war auf sie kein Verlass.

Und da waren die Juden, die etwa die Hälfte der Bevölkerung von Medina ausmachten. Der Prophet machte Annäherungsversuche. Er empfahl die Teilnahme am Jom-Kippur-Feiertag, übernahm einige der Essensverbote (die er in der Mekka-Zeit noch nicht kannte!), legte das wöchentliche Gebet auf den Freitag, den jüdischen Rüsttag zum Sabbat, den er nicht übernehmen wollte, genauso wenig wie den Sonntag der Christen, und er legte die Kibla, die Gebetsrichtung der Gläubigen in Richtung Nordwesten fest: nach Jerusalem.

Die Juden blockten seine Annäherungsversuche ab. Schonungslos deckten sie seine Schwächen auf und überhäuften ihn mit Hohn. Dies konnte vernichtend für die Autorität des Propheten sein (Andrae). Für die Juden war inzwischen klar, dass Mohammed nicht der erwartete Prophet und seine Offenbarungen nicht göttlicher Natur waren. Dafür bekamen sie später eine blutige Quittung – sie mussten mit dem Leben bezahlen.

Es war nicht nur die mangelnde Bereitschaft der Juden zur Integration, sondern auch die soziale Not unter den Zugewanderten und ihre wirtschaftlichen Spannungen mit den Einheimischen, die Mohammeds Lebenswerk bedrohten.

Wann genau er den festen Entschluss fasste, das Schwert in die Hand zu nehmen, um nicht ein zweites Mal zu scheitern und seine Vision von einem Gottesstaat zu verwirklichen, wissen wir nicht. Aber es muss diesen Punkt im Leben des Propheten gegeben haben. Die Offenbarungen, die er empfing, gaben ihm Recht.

Und wenn ihr die Ungläubigen trefft, dann herunter mit dem Haupt, bis ihr ein Gemetzel unter ihnen angerichtet habt; dann schnüret die Bande ... Und hätte Allah gewollt, wahrlich, er hätte selber Rache an ihnen genommen; jedoch wollte er die einen von euch durch die anderen prüfen. Und diejenigen, die in Allahs Weg getötet werden, nimmer leitet er ihre Werke irre.

(Sure 47,4f)

Und so soll kämpfen in Allahs Weg, wer das irdische Leben verkauft für das Jenseits. Und wer da kämpft in Allahs Weg, falle er oder siege er, wahrlich, dem geben wir gewaltigen Lohn ...
Wer da glaubt, kämpft in Allahs Weg.

(Sure 4,76.78)

In seiner Zeit in Medina bis zu seinem Tod wird er über 70 Kriegszüge unternehmen, viele unter ihnen sind nur kleine Scharmützel, einige von ihnen verlaufen sogar im Sande. Andere sind Plünderungen von Karawanen. Glaubt man manchen Autoren, so galt Räuberei als legitime Bereicherung. Eine Entrüstung aus der Entfernung ist nicht angebracht, auch so genannte christliche Potentaten haben bis in jüngster Zeit eigene kriegerische Beutezüge unter dem Titel „außenpolitische Notwendigkeit“ subsumiert.

Und wer bietet sich als Opfer an? Die reichen Geschäftsleute aus Mekka. Mohammeds Motiv ist Rache, natürlich nicht aus persönlichen Gründen, sondern weil sie die Offenbarungen Gottes abgelehnt hatten. Es gilt, eine Rechnung zu begleichen.

Der erste Feldzug wird zum Skandal. Ein Trupp von zwölf Freiwilligen wird ausgerüstet, der Anführer bekommt einen versiegelten Befehl. Der aber ist umstritten. Befahl Mohammed den Überfall auf eine kuraischitische Karawane trotz des heiligen Monats, wie es in den gängigen Darstellungen heißt? „Lege dich den Kuraischiten in den Hinterhalt!“, glaubt Andrae den ursprünglichen Wortlaut des Befehls zu rekonstruieren. Ibn Ishaq mildert den Befehl des Propheten ab: „Laure des Quraisch auf und versuche für uns zu erfahren, was sie treiben.“

Die kleine Karawane wird angegriffen. Die Zeit drängt. Wartet man den letzten Tag des heiligen Monats ab, erreicht die Karawane den heiligen Bezirk und ist in Sicherheit. Greift man jetzt an, tötet man im heiligen Monat.

Der Entschluss ist gefasst. Das erste Blut in der Geschichte des Islam fließt. Täter und Opfer sind bekannt. Waqid vom Stamm der Tamin ist der Täter, der Amr, den Sohn des Hadrami, tödlich mit dem Pfeil trifft. Die Beute besteht aus Leder, Rosinen und anderen

Handelswaren. Als sich die Kunde von dem Überfall im heiligen Monat in Medina verbreitet, ist der Skandal perfekt. Der Prophet gerät in Erklärungsnot. Er rührt den fünften Teil der Beute, der ihm zusteht, nicht an.

Andrae kritisiert Mohammeds mangelnde Bereitschaft, die Verantwortung für eine Tat zu übernehmen, die er provoziert hat. Ibn Ishaq allerdings zitiert eine Quelle, nach der Mohammed ungehalten ist und den Befehl zum Angriff bestreitet. Als der Vorfall schließlich immer heftiger diskutiert wird, so Ibn Ishaq, greift Gott zugunsten seines Propheten ein:

> *Sie werden dich befragen nach dem Kampf im heiligen Monat. Sprich: „Kämpfen in ihm ist schlimm; aber Abwendigmachen von Allahs Weg und ihn, und die heilige Moschee verleugnen und sein Volk daraus vertreiben, ist schlimmer bei Allah; und Verführung ist schlimmer als Totschlag."*
>
> (Sure 2,214)

Der Konflikt treibt einer beabsichtigten Eskalation entgegen, die von Mohammed gesteuert wird.

Badr (624 n. Chr.)

Sechs Wochen nach dem Skandal erreicht Medina die Nachricht, dass eine gewaltige Karawane auf dem Heimweg von Syrien nach

Mekka ist. Tausend Kamele sind unterwegs, voll beladen mit Schätzen. Neben dem reichsten und mächtigsten Clan der Kuraischiten, der Omajjaden-(Umaiya-)Sippe, hatten fast alle Familien in diese Expedition investiert. Da der Zug weitgehend durch friedliches Gebiet führt, glaubt man mit einer Eskorte von 70 Reitern auskommen zu können. An der Spitze steht der brillante Abu Sufyan, ein erbitterter Gegner des Propheten. Die Ironie des Schicksals will es, dass gerade er der Stammvater der Omajjaden ist, die von 661 bis 750 (in Spanien bis 1031) die herrschende Dynastie des Islam stellt.

Mohammed erkauft sich bei den Wüstenscheichs Neutralität. Er rüstet die erste Armee des Islam aus, die aus 300 Mann, 70 Kamelen und zwei Pferden besteht. Bei Badr legen sie sich an einem Brunnen in den Hinterhalt. Gegenspieler Abu Sufyan ahnt etwas, fordert in Mekka Verstärkung an und leitet die Karawane um. Als das angeforderte Heer aus Mekka in der Stärke von etwa 1000 Mann eintrifft, ist ein Kampf sinnlos geworden, denn die Karawane ist längst in Sicherheit. Einige hundert Krieger kehren heim, der Rest bleibt und ist mit 700 Kamelen und 100 Pferden dem Feind haushoch überlegen. So scheint es. An der Spitze steht Abu Gahl. Einer der Teilnehmer des Zuges gegen Mohammed ist dessen Onkel Abbas, ein reicher Bankier. Eine weitere Ironie des Schicksals: Seine Nachkommen werden die Omajjaden ablösen und als Abbasidendynastie bis 1258 die Kalifen stellen.

Es muss eine vornehme Truppe gewesen sein, Trommler, Sklavinnen, Sänger und natürlich Dichter für die präluminarischen verbalen Schmähungen begleiten den Tross.

In Badr kommt es zum Kampf, die ungeordneten Kampfreihen der Mekkaner treffen auf ein in Reih und Glied stehendes Heer, das nichts verlieren konnte außer den Eingang ins Paradies. Essad Bey beschreibt die Strategie von Badr, mit der alle großen Kämpfe des Islam gewonnen wurden: Disziplin und Zusammenhalt der Infanterie, die in geschlossenen Karrees jeder Kavallerie gewachsen ist und erst am Ende der Schlacht, als der Feind erschöpft ist, zum Sturmangriff übergeht. So auch die Krieger Allahs, nachdem Mohammed eine Hand voll Sand als Signal in Richtung Gegner geworfen hatte. Etwa 50 Mekkaner fallen, auf der anderen Seite nur 14 Gläubige, die ersten Märtyrer des Islam.

Im Triumph geht es zurück nach Medina, mit Beute und Gefangenen, darunter Onkel Abbas, der gegen Lösegeld nach Mekka zurückdarf. Stiefsohn Ali wird wegen seiner Tapferkeit belohnt, er bekommt des Propheten Tochter Fatima zur Frau.

Streng genommen war es ein unbedeutender Kampf, aber seine Folgen waren weit reichend. Am wichtigsten aber war die Gewissheit, die sich in Medina ausbreitete: Allah hatte sich zu seinem Propheten bekannt! Der Koran gibt dem Recht.

Als dein Herr den Engeln offenbarte: Ich bin mit euch, festigt drum die Gläubigen. Wahrlich in die Herzen der Ungläubigen werfe ich Schrecken. So haut auf ihre Hälse und haut ihnen jeden Finger ab …
Und nicht erschlugt ihr sie, sondern Allah erschlug sie; und nicht warfst du [den Sand], sondern Allah warf [den Sand]. Und

prüfen wollte er die Gläubigen mit einer schönen Prüfung von ihm. Siehe, Allah ist hörend und wissend.

(Sure 8,12.17)

Für Mohammed bedeutet die Schlacht von Badr die endgültige Gewissheit, das Ende des Selbstzweifels. Die Konsequenz ist, dass jetzt mit den Gegnern aufgeräumt werden kann. Terror mache sich in den Straßen von Medina breit, ist die gängige Ansicht. Eine Art Polizei entsteht, der Staat nimmt Konturen an.

Vor allem die Juden sind es, die zu zahlen haben. Der erste ihrer Stämme muss die Stadt verlassen. Ihre Güter werden als Beute verteilt. Der Schutzvertrag mit ihnen gilt nicht mehr, dafür gibt es sogar einen Koran, der an Jesu Klage über Jerusalem – „Jerusalem, Jerusalem, die du tötest die Propheten und steinigst, die zu dir gesandt werden …" (Lk 13,34) – erinnert.

Wahrlich, wir schlossen mit den Kindern Israels einen Bund und schickten zu ihnen Gesandte. Soofi als zu ihnen ein Gesandter kam mit dem, was ihre Seelen nicht begehrten, ziehen sie die einen der Lüge und die anderen ermordeten sie.

(Sure 5,74)

Inmitten dieser Abrechnung fasst Mohammed einen Entschluss, der an Genialität nicht zu überbieten ist. Er ändert die Kibla, die Gebetsrichtung. Nicht mehr Jerusalem, sondern Mekka ist ab jetzt die gültige Gebetsrichtung. Mit dieser Entscheidung führt er den

Islam aus jeder vermeintlichen Abhängigkeit von der jüdischen und christlichen Religion heraus. Der Islam wird in seiner Reflexion auf die Abraham-Tradition der Kaaba selbständig.

Und wir setzten die Kibla ein, die du früher hattest, allein um zu wissen, wer dem Gesandten folgte und wer sich auf seiner Ferse umkehrt … Wir sahen dich dein Antlitz in den Himmel kehren, aber wir wollen dich zu einer Kibla wenden, die dir gefallen soll. Wende dein Angesicht nach der Richtung der heiligen Moschee, und wo immer ihr seid, wendet eure Angesichter nach der Richtung zu ihr …

(Sure 2,138f)

Uhud (625 n. Chr.)

Eine weitere Karawane der Kuraischiten wird angegriffen, zum Kampf kommt es nicht, die Opfer fliehen. Mekka muss reagieren. Sie schicken Abu Safyan, der die Karawane bei Badr in Sicherheit gebracht hatte, mit einem großen Heer aus, das am Berge Uhud Stellung bezieht. Mohammed gibt den strategischen Rat, sich in Festungen und Häusergruppen der Stadt zu verschanzen, damit die zahlreiche Reiterei der Mekkaner eingeengt würde. Als die Stimmung dahingehend umschlägt, doch in einer Feldschlacht Ruhm zu ernten, gibt er nach.

Nach den üblichen Zweikämpfen beginnt die Schlacht, deren

Verlauf widersprüchlich überliefert ist. Die vermeintlichen Sieger, die Moslems, konzentrieren sich zu früh auf ihre Beute. Das wird ihnen zum Verhängnis; die gegnerische Reiterei fällt ihnen in den Rücken. Der Prophet muss um sein Leben fürchten, ein Zahn wird ihm ausgeschlagen, die Lippe blutet, und von einem gewaltigen Schlag getroffen fällt er in ein Loch. Mit Mühe kann er gerettet werden. Merkwürdigerweise leidet das Ansehen des Geschlagenen nur geringfügig; immerhin war er gegen die offene Schlacht gewesen, aber man hatte seinen Rat nicht befolgt. Und Allah offenbart ihm seinen Trost:

> *Und seid nicht verzagt und traurig; ihr werdet obsiegen, so ihr gläubig seid. Und wenn euch eine Wunde betroffen hat, so hat eine Wunde gleich ihr schon andere Leute betroffen. Und diese Tage (des Sieges und der Niederlage) lassen wir wechseln unter den Menschen, damit Allah die Gläubigen erkennt und sich aus ihnen Märtyrer erwählt.*
>
> (Sure 3,133f)

Eine Verschwörung, an der die Juden beteiligt sind, wird vereitelt. Von dem betroffenen zweiten Stamm der Juden entschließen sich nur zwei zum Glaubenswechsel, der Rest muss sein Hab und Gut aufgeben und Medina verlassen.

Der Grabenkrieg (627 n. Chr.)

Und wieder ist es Abu Safyan, der gegen den Propheten rüstet, dieses Mal mit den vertriebenen Juden im Bunde. Mit 10.000 Kriegern marschiert er gegen Medina. Das anrückende Riesenheer verbreitet Angst und Schrecken. Das Schicksal des Islam scheint besiegelt zu sein.

In dieser ausweglosen Situation wird ein Perser namens Salman zum Retter der Stadt. Er schlägt vor, um das Feld vor Medina einen großen Graben auszuheben. Hektisch wird daran gearbeitet. Bald stehen sich die gewaltige Streitmacht Mekkas und das kleine Heer des Propheten gegenüber, getrennt von einem Graben, vor dem die Angreifer rat- und fassungslos stehen. Die Belagerung wird zu einer Farce. Hunger und Unwetter zwingen zum Abbruch der lächerlich anmutenden Kampagne.

Lächerlich aber nicht für den letzten in Medina verbliebenen Stamm der Juden. Die hatten Verhandlungen mit Abu Safyan und ihren Glaubensgenossen vor dem Graben geführt, um dem Propheten in den Rücken zu fallen. Als dies scheitert und publik wird, ist die Rache furchtbar. Mohammed lässt den gesamten Stamm über die Klinge springen, die Männer werden öffentlich enthauptet, Frauen und Kinder verkauft. Das Angebot, zum Islam überzutreten und sein Leben zu retten, nimmt von den 600 bis 700 Juden keiner an.

Medina ist jetzt fest in der Hand des Propheten, der Staat Gottes hat ab jener blutigen Nacht im Mai 627 keine Widersacher mehr.

Mohammed war unumschränkter Alleinherrscher von Medina. Aber: „Etwas lag zwischen dem Herzen des Volkes und dem Wort des Propheten. Dieses Etwas war Mekka. Besiegt, geschlagen, gedemütigt blieb es die Königin der Wüste, die glänzendste unter den Städten" (Essad Bey). Den Schlüssel zum Herzen der Beduinen behielt die Königin der Wüste in der Hand. Viele Biographien über Mohammed rühmen dessen genialen Schachzug, sich Mekka durch Gewaltverzicht und Unterwerfung wie eine reife Frucht in den Schoß fallen zu lassen. Das ist richtig, trägt aber nur dem äußeren Verlauf der Ereignisse Rechnung. Zentral für ein Verständnis der Eroberung des Herzens Arabiens, die erst den Siegeslauf des Islam durch die damalige Welt ermöglichte, ist etwas anderes: *Mohammed verschaffte der islamischen Hochachtung für die Kaaba in Mekka erst durch den Bezug auf die Religion Abrahams eine Grundlage!* Der Prophet, dessen Glaube bis dahin antimekkanisch geprägt war, vollzieht eine Kehrtwendung und greift die Abraham-Tradition auf.

> *Und als Abraham und Ismael die Fundamente des Hauses [der Kaaba] legten, sprachen sie: „O unser Herr, nimm es an von uns; siehe, du bist der Hörende, der Wissende. O unser Herr, und mache uns dir zu Muslimen und von unserer Nachkommenschaft eine Gemeinde von Muslimen. Und zeige uns unsere Riten und kehre dich zu uns, denn siehe, du bist der Vergebende, der Barmherzige."*
> (Sure 2,121f)

Mohammed begründet die Autorität der neuen Religion mit einem Rückgriff auf die alte Autorität Abrahams. Erzvater Abraham kommt im Koran selbst zu Wort:

Unser Herr, siehe, ich habe einen Teil meiner Nachkommenschaft in einem unfruchtbaren Tal bei deinem heiligen Hause [Kaaba] angesiedelt.

(Sure 14,40)

Was der Prophet aus der Wüste hier getan hat, steht an Bedeutung in nichts dem nach, was in Renaissance und Reformation später vollzogen wurde. Die Renaissance entsann sich, um sich vom Mittelalter abzusetzen, der Antike; sie verstand sich als Wiederentdeckung der alten Werte im Kampf gegen die kirchliche und feudale Ordnung. Ähnlich die Reformation, die das eigene Gewissen gegen das mittelalterliche System ausspielte. Dies aber wagte sie nur in einer Rückbesinnung auf eine ältere Welt, nämlich auf die des Paulus, die sie gegen das Papsttum ausspielte (sinngemäß nach Walter Dirks). So auch der Prophet der Wüste, der den Götzenkult überwand, indem er das Neue in der Rückbesinnung auf eine alte Autorität begründete.

Der holländische Islamist Christiaan Snouck Hurgronje behauptet, Mohammed habe die Abraham-Legende in Medina frei erfunden. Das stimmt sicher nicht, denn es ist schwer vorstellbar, dass die Juden oder Christen von Mekka in ihrem Kult ganz ohne biblische Wurzeln auskamen. Dagegen kommt eine weitere Behauptung von ihm der Wahrheit viel näher: Mohammed hatte sich irgendwann entschlossen, „den altheidnischen Tempel samt seinem Ritus ziemlich unverdaut in den Islam aufzunehmen".

Man muss sich vorstellen, dass selbst, als die gesamten Götzenstatuen und -bilder aus der Kaaba entfernt wurden, genug religiöse Bräuche und Riten übrig blieben, die übernommen wurden und deren heidnischen Ursprünge neu gedeutet werden mussten. Auf diese Weise wurde der Schritt in die neue Religion leicht gemacht. Die alten Götzen wurden zwar abgeschafft, aber durch das Beibehalten der alten Zeremonien der Wallfahrt und durch deren Neudeutung kam es nicht zum Bruch mit alten und lieb gewonnenen Traditionen. Erst diese Erkenntnis ermöglicht ein angemessenes Verständnis für Mohammeds revolutionäre Entscheidung: den Entschluss zur friedlichen Wallfahrt nach Mekka.

*

Im Jahre 628 ruft der Gesandte Allahs in einem wahrhaft staatsmännischen Entschluss zu einer Wallfahrt nach Mekka auf. Die Zahl der Pilger, die ihn begleiten, schwankt zwischen 700 und 1600 Menschen. Sie brechen von Medina auf, anstelle von Waffen führt man Opfertiere mit sich. Die Kunde verbreitet sich in Windeseile: Der Ausgestoßene will reuig zurückkehren!

Jetzt endlich kann das gedemütigte Mekka seine Trumpfkarten ausspielen. Der Zutritt zur Stadt wird den Pilgern verwehrt. Mohammed beugt sich und bittet um Verhandlungen. Es kommt zu einem Vertrag, der als Pakt der Schmach angesehen wird: Die Bismala, die moslemische Anrufungsformel Allahs, darf bei dem Pakt nicht verwendet werden; der Prophet darf nicht als Abgesandter Allahs, sondern nur als Sohn des Abdallah Erwähnung finden; mekkanische Überläufer, die nach Medina wollen, werden zurückgeschickt, moslemische Überläufer in Richtung Mekka brauchen nicht ausgeliefert zu werden; dieses Jahr bleibt dem Propheten die Wallfahrt noch verwehrt, sie darf erst im nächsten Jahr stattfinden; und: Für zehn Jahre sollen die Waffen zwischen ihnen schweigen! Seine Anhänger sind entsetzt und fassungslos. Sie können nicht glauben, dass ihr Idol diese diktierten Demütigungen hinnehmen kann. Sure 48, „Der Sieg“, erklärt das Verhalten des Propheten damit, dass „Allah seine Ruhe auf seinen Gesandten“ herabschickte (Vers 26).

Was aber auf Dauer viel wichtiger war als diese vordergründige Schmach, wusste im Moment nur Mohammed in seiner beispiellos genialen Weitsicht. Es war die Kunde, die sich wie ein Lauffeuer in der Wüste verbreitete: Mohammed hatte die Kaaba als zentrales Heiligtum aller Araber samt seiner Bräuche anerkannt!

Verabredungsgemäß erschien Mohammed ein Jahr später wieder vor den Toren von Mekka. Das große Heer hatte die Waffen vorher abgelegt, und drei Tage lang ist die Stadt für ihn geräumt. Er vollzieht die Riten der Wallfahrt. Was in der Brust eines Mannes vor sich geht, der nach sieben Jahren seine Heimatstadt wieder sieht, ist nur zu erahnen! Dass er wehmutsvoll das Haus der Chadidscha aufsucht, findet sich nur in einer Biographie. Schnell heiratet er noch die Kuraischitin Maimuna, die für ihn eine politische Blutsverbindung nach Mekka darstellt. Der Bräutigam lädt die Kuraischiten zur Hochzeit ein, um länger in Mekka bleiben zu können. Diese lehnen ab, er darf nicht länger als vereinbart in der Stadt bleiben.

Trotz Friedensvertrag ist schnell ein Vorwand gefunden, ihn zu brechen. Diesen Vorwand findet der Prophet in einem Übergriff der Mekkaner, bei dem ein Toter zu beklagen ist. Es entsteht das Gerücht, der Feldzug gegen Mekka stehe kurz bevor. Angst und Schrecken breiten sich aus.

Abu Safyan, der Sieger von Uhud, versucht einen Gang in die Höhle des Löwen. Es wird ein Canossagang. Er, der große Feldherr, dessen Tochter bereits mit dem Propheten verheiratet ist, wird wie ein Hausierer behandelt und kaum beachtet. Es ist zu spät. Die Zeit für Mekka ist abgelaufen.

Mohammed rückt mit einem gigantischen Heer aus. Es ist der 1. Januar 630. Schnell verlässt noch Onkel Abbas das sinkende Schiff, tritt zum Islam über und schließt sich dem vorrückenden Heer an. Der feige Onkel weiß nicht, dass er durch seine opportunistische Tat eben die glanzvolle Kalifenepoche der Abbasidendynastie auf den Weg gebracht hat. Auch Abu Safyan vollzieht jetzt schweren Herzens den endgültigen Schritt und weiß ebenfalls nicht, dass sein Sohn der fünfte Kalif des Islam werden wird. Er diktiert im Auftrag seines neuen Herrn den Mekkanern dessen Bedingungen. Keinem würde etwas an Leib und Gut passieren, wenn er sich still verhalte.

Am 11. Januar zieht der größte Sohn der Stadt in einer glanzvollen Formation als Sieger in die verlassenen Straßen der Königin der Wüste ein.

Unter dem Jubel seiner Soldaten und den entsetzten Blicken der Einwohner umrundet Mohammed die Kaaba auf seinem Kamel, zertrümmert eigenhändig die Götzenstatuen und lässt im Inneren des Heiligtums alle Bilder abwaschen. 14 Tage lang kostet der Prophet seinen Triumph aus. Außer an zwei Personen übt er keine Rache, es gibt keine Plünderung, keiner wird zum Islam gezwungen. Das gilt auch für die umliegenden Stämme, ja selbst für die später besiegten Völker, die nur zu einer Abgabe verpflichtet werden.

Zur selben Zeit besiegt der oströmische Kaiser die Perser, erobert Byzanz zurück und unternimmt eine Pilgerfahrt nach Jerusalem. Mohammed entschließt sich zu einem Feldzug gegen Byzanz. Sein Vorstoß gegen den nun einzigen großen Hauptfeind bleibt aber bei Tabuk stecken, Ziel und Absicht des Unternehmens bleiben im Dunkeln.

Im März 632 erfolgt die Abschiedswallfahrt des durch Alter und Krankheit gezeichneten Propheten. Letzte Fragen nach den Riten werden geklärt, aus den Bräuchen werden die heidnischen Wurzeln wie Unkraut herausgerissen. Zu Hause in Medina verschlimmert sich sein Zustand. In den Armen seiner Lieblingsfrau Aischa stirbt er schließlich. Es ist der 8. Juni 632.

In derselben Stunde beginnt der Streit um die Nachfolge. Die Leiche bleibt etwa zwei Tage liegen, man kann sich nicht auf ein Zeremoniell einigen. Schließlich wird er an der Stelle beerdigt, wo sein Sterbebett stand. Der Grund dafür ist möglicherweise auch ein anderer. Die Partei um Ali wollte unter allen Umständen verhindern, dass Abu Bakr den Leichenzug anführen sollte, um so vollendete Tatsachen für die Nachfolge zu schaffen. Später wird sich über dem Sterbeort des Propheten die große neue Moschee stülpen. In den Gräbern neben ihm werden die ihm folgenden Kalifen Abu Bakr und Omar beigesetzt. – Ein Grab bleibt leer. Es ist für Jesus reserviert.

Liebe

Liebe ist kein Begriff, der einer bestimmten Religion vorbehalten ist. Die Frage ist, welchen Stellenwert die einzelnen Kulturkreise der Erscheinung geben, von der Verhaltensforscher meinen, sie sei aus der Brutpflege des Tieres abgeleitet.

Im China des Konfuzius war Liebe ein weisheitlicher Begriff, der zwischen Menschlichkeit und Rücksichtnahme anzusiedeln ist, gefangen allerdings in der Einschränkung auf den Edlen, im Gegensatz zu dem Gemeinen. Im Indien des Buddha war Liebe ein Ausdruck der Gewaltlosigkeit, als Affekt jedoch den Tugenden der Gleichmut und Gelassenheit untergeordnet. Erst bei Jesus von Nazareth ist die zentrale Stellung des Liebesbegriffes nachweisbar, der sich in der Theologie des Paulus sogar noch weit über die Begriffe von Glaube und Hoffnung schwingt.

Den Stellenwert der Liebe im Islam anzugeben ist ein Wagnis. Bei genauer Betrachtung von Koran und Sunna, die voll sind von Anweisungen bis in den kleinsten Lebensbereich hinein, fällt auf, dass sie einen Mittelweg fordern, der am besten mit „maßvoll“ charakterisiert ist. Selbst für den Glauben gilt der Mittelweg:

Nicht belastet Allah eine Seele über Vermögen … Unser Herr, lege uns nicht auf eine Last, wie du sie den früheren auferlegtest! Unser Herr, und lass uns nicht tragen, wozu unsere Kraft nicht ausreicht …

(Sure 2,286)

Der Grundsatz vom Mittelweg, meint Azzam, überwinde auch die beiden extremen Prinzipien der absoluten Gerechtigkeit des Judentums („Auge um Auge, Zahn um Zahn") und der absoluten Liebe des Christentums mit ihrem Verzicht auf Vergeltung. Der Islam gebiete nun beides, heißt es: Gerechtigkeit und Verzeihung. Eingebettet wird dieser Mittelweg in die Androhung von einem Strafgericht und die Verheißung von Lohn.

Über allem aber steht die Liebe zu Allah. Sie richtet über das Maß der Liebe, das den Menschen zuteil wird. Die für den Abendländer schwer verständliche Konsequenz lautet: Der gläubige Moslem kann hassen und töten und trotzdem von Liebe reden. Eine Schlüsselstelle dafür steht bei al-Buhari: „Das Gefühl von Liebe und Hass, das Gott zuliebe empfunden wird, ist Teil des Glaubens." (II, 1)

Ein Vergleich mit der christlichen Liebesforderung hilft, folgendes Ergebnis festzuhalten. Während das Christentum die Liebe innerhalb der Gotteskindschaft fordert, d. h. unter *allen* Menschen, fasst der Islam die Gotteskindschaft enger, sie bezieht sich hier nur auf die Gläubigen. Der Koran bestätigt dies:

Der Lohn für Böses sei aber (nur) Böses in gleichem Maße, und wer vergibt und Frieden macht, dessen Lohn ist bei Allah; siehe, er liebt nicht die Ungläubigen.

(Sure 42,38)

Sprich: „So ihr Allah liebet, so folget mir. Lieben wird euch Allah und wird euch eure Sünden verzeihen, denn Allah ist verzeihend und barmherzig." Sprich: „Gehorchet Allah und dem Gesandten; denn wenn ihr den Rücken kehrt – siehe, Allah liebt nicht die Ungläubigen."

(Sure 3,29)

Siehe, diejenigen, die da glauben und Gutes tun, denen wird der Erbarmer Liebe erweisen.

(Sure 19,96)

Bei dieser vorläufigen Sicht muss betont werden, dass die Erkenntnisse der heutigen islamischen Theologie nicht berücksichtigt sind. Ferner darf der Vergleich mit dem Christentum nicht als Wertung missverstanden werden. Während Jesus mit seinem Liebesgebot die Krusten eines erstarrten Verständnisses von Gesetz aufbrechen wollte, brach Mohammed das starre Verständnis einer Moral auf, die der Zufälligkeit der Situation, Laune und Persönlichkeit des Sippenältesten und dem Ethos der jeweiligen Blutsbande verhaftet war. Dem setzte Mohammed die Gegenwart (und Drohung) Gottes entgegen und verschaffte Liebe, Nachsicht und Vergebung mit der Ausdehnung auf die Bruderschaft der Gläubigen mehr Raum als bisher. Unter Mohammed wurde Religion mit Moral identisch (Rodinson). Diese Leistung des Propheten darf bei einem oberflächlichen Messen am Christentum nicht übersehen werden.

Liebe und Krieg

Dass Krieg und Blutvergießen durch den angeblichen Willen Gottes gerechtfertigt werden, ist ein gängiges Motiv all derer, die Gott vor ihre vordergründigen Absichten schieben. Die Geschichte dieser „Frommen", denen ihr vermeintliches Recht vor das Recht auf Leben anderer geht, reicht von frühester Zeit bis in das Nordirland unserer Tage. Auch die Kirche der Christen muss hier einige ihrer Vertreter in die Schar nicht endender Täter einreihen. Dass Moslems blutrünstiger sind als Christen, ist schlichtweg falsch. Wir wissen, dass zur Zeit der Kreuzzüge die Grausamkeit der christlichen Heere diejenige ihrer sarazenischen Gegner nicht selten weit in den Schatten stellte. Ferner wurden moslemische Angebote, das mörderische Treiben zu beenden und Frieden zu schließen, von den Kreuzfahrern entrüstet abgelehnt, da sie ja für die heilige Sache Christi fochten. Als die Truppen des Islam später Jerusalem eroberten, soll dagegen kein einziger Mensch wegen seines Glaubens getötet worden sein. So ist es letztlich unanständig, mit dem Finger auf andere Religionen zu deuten, denn die Schande bleibt immer am eigenen Finger kleben.

Trotzdem scheint es einen Unterschied zu geben, der vorsichtig in Form einer Behauptung aufgestellt werden soll. Ausgehend von der Tatsache, dass sich alle kriegsbegierigen Potentaten des Christentums – einschließlich der Folterknechte der heiligen Inquisition – darin einig sind, sich mit ihren Taten auf Gottes Willen berufen zu können, lautet unsere Behauptung, dass diese Berufung nimmermehr aus dem abgeleitet werden kann, was die Christen ihre Heilige Schrift nennen. Ob dies auch für den Koran gilt, der ja für den gläubigen Moslem aus Gottes eigenen Worten besteht, sei dem Urteil des Lesers selbst anheim gestellt.

O du Prophet, streite wider die Ungläubigen und Heuchler und verfahre hart mit ihnen. Und ihre Herberge ist Dschahannam [die Hölle], und schlimm ist die Fahrt (dorthin).

(Sure 9,74)

O ihr, die ihr glaubt, kämpfet wider die Ungläubigen an euren Grenzen, und wahrlich, lasset sie Härte in euch verspüren. Und wisset, dass Allah mit den Gottesfürchtigen ist.

(Sure 9,124)

Siehe, der Lohn derer, welche Allah und seinen Gesandten befehden und Verderben auf der Erde betreiben, ist nur der, dass sie getötet oder gekreuzigt oder an Händen und Füßen wechselseitig verstümmelt oder aus dem Land vertrieben werden. Das ist ihr Lohn hienieden, und im Jenseits wird ihnen schmerzliche Strafe:

Außer jenen, welche bereuen, bevor ihr sie in eurer Gewalt habt.
Und wisset, dass Allah verzeihend und barmherzig ist.

(Sure 5,37f)

Eine zusätzliche Brisanz verleiht der Einstellung des Islam zum Krieg noch die Lehre von der Prädestination, die in keiner Religion zufrieden stellend gelöst ist. Was dem Menschen vorherbestimmt ist, bewegt sich zwischen der Absolutheit des freien Willen Gottes und der relativen Freiheit menschlichen Willens. Bezogen auf das mögliche Schicksal im Krieg ergibt dies eine Konsequenz für die Kriegsbereitschaft des Gläubigen, deren Bedeutung hier nur angedeutet werden kann.

Trotz all der unheilig klingenden Reflexionen über den Krieg bedarf es einer historischen Korrektur. In dem Moment, in dem Mohammed nicht mehr an die Eroberung, sondern an die Organisierung der Welt dachte (Essad Bey), muss er einen Umschwung vollzogen haben. Es ist der Moment der großen Feldzüge, die nicht der Missionierung wegen, sondern mehr der Tributzahlungen wegen geführt wurden. Die These Beys von dem humanen Krieg, den Mohammed verkündete, von der befohlenen Schonung der Frauen und Kinder und von ihm als Herrscher, der zum ersten Mal in der orientalischen Geschichte den absoluten Wert menschlichen Lebens anerkannte, soll zur Kennntis gebracht, kann aber nicht nachgeprüft werden.

Die Liebe und die Armen

Eine der großen sozialen Leistungen des Propheten war die Verpflichtung der Gläubigen zum Almosen. In einer Zeit, die kein soziales Netz kannte und die Bedürftigen der totalen Schutz- und Rechtlosigkeit preisgab, ist dieser zweite Grundpfeiler des Islam, diese zweite Grundpflicht der Gläubigen, nicht hoch genug einzuschätzen.

> *Sie werden dich befragen, was sie ausgeben sollen (als Almosen). Sprich: „Was ihr ausgebt an Gutem, das sei für die Eltern und die Verwandten und die Waisen und Armen und den Sohn des Weges; und was ihr tut an Gutem, siehe, Allah weiß es." … Und was ihr spendet als Spende oder gelobet als Gelübde, siehe, Allah weiß es, und die Ungerechten finden keinen Retter. Wenn ihr die Almosen öffentlich gebt, so ist's schön, und so ihr sie verbergt und sie den Armen gebt, so ist's besser für euch und sühnt eure Missetaten. Und Allah kennt euer Tun.*
>
> (Sure 2,211.273)

In seiner Vision der Unzertrennlichkeit von sakralen und profanen Lebensvollzügen weitet Mohammed Gottes Korananweisungen für das Almosengeben auf eine gesetzlich geregelte Armensteuer aus. Präzise Angaben über eine gestaffelte Besteuerung erwähnt al-Buhari: Beim Besitz von fünf Kamelen ist ein Schaf zu entrichten, beim Besitz von 25 bis 35 Kamelen eine einjährige Kamelstute, bei 36 bis 45 Kamelen eine zweijährige Kamelstute usw. Beim

Besitz von 40 bis 120 Schafen ist ein Schaf zu entrichten, bei 121 bis 200 Schafen zwei Schafe usw. (XVI, 10). Dass in diesen Regelungen ein erster Versuch von gesetzlich geregelter Sozialversorgung gesehen werden kann, liegt auf der Hand.

Es ist bekannt, dass der Prophet die Gleichheit aller Menschen im Namen Gottes forderte, unabhängig von Rasse, Geschlecht und sozialem Stand. Noch bestehende Unterschiede, zum Beispiel zwischen Sklave und Reichem, werden spätestens am Tag des Gerichts eingeebnet. Als der Prophet gefragt wurde, wann der Tag des Gerichts anbreche, antwortete er: bis keine Almosen mehr nötig seien.

Die Stunde des Gerichts wird nicht eintreten, bevor der Besitz sich so sehr vermehrt hat, dass ein reicher Mann größte Schwierigkeiten hat, jemanden zu finden, der sein Almosen annimmt. Denn die Leute, denen er es anbietet, werden sagen: „Nein, ich brauche dein Almosen nicht!"

(zit. n. al-Buhari XVI, 4)

Im selben Zusammenhang wird einem schönen Hadith überliefert, der auf eine warmherzige Weise das einseitige Schielen auf Lohn im Jenseits relativiert:

Ein Mann tritt auf die Straße und gibt spontan ein Almosen. Der Empfänger ist aber ein Dieb, versichern ihm die Leute. Daraufhin gibt er eine zweite Spende; dieses Mal trifft seine Spende aus Versehen eine Prostituierte, wird ihm beteuert. Da entschließt er sich zu einer dritten Spende; die aber trifft einen Reichen.

Da trat ein Mann zu ihm und sagte: „Du hast einem Dieb Almosen gegeben! Vielleicht verzichtet er jetzt auf weitere Diebstähle! Du hast eine Prostituierte beschenkt. Vielleicht lässt sie jetzt von ihrem Tun ab! Und du hast einem reichen Mann eine Spende gegeben. Vielleicht erwägt er, nun seinerseits von dem Reichtum, den Gott ihm gegeben hat, Almosen zu geben!"

(zit. n. al-Buhari XVI, 7)

Lieblingsfrau Aischa berichtet von der besorgten Frage der Frauen, wer ihm als erste von seinen Frauen ins Grab folgen würde. Die Antwort war, die mit den längsten Händen. Als die Frauen ihre Hände maßen, war es Sauda, die die längsten Hände hatte. „Später erst wurde uns klar, dass er mit der langen Hand das Geben von Almosen gemeint hatte. Denn die Frau, die als Erste starb [Zainab], gab sehr gern und oft Almosen." (zit. n. al-Buhari XVI, 6)

Liebe und Frauen

Die Rolle der Frau ist nicht nur im Islam ein viel bearbeitetes Feld. Während im westlichen Kulturkreis die gesellschaftliche Stellung der Frau keinen allzu großen Schwankungen unterworfen ist, trifft dies für die islamische Welt keineswegs zu. Die Frau im Sudan wird beispielsweise ganz anders definiert als im benachbarten Ägypten, ja, innerhalb eines Landes sind zuweilen Unterschiede von Volksstamm zu Volksstamm nachweisbar.

Aus der immensen Literatur über dieses Thema lassen sich jedoch zwei Thesen als eine Art gemeinsamer Nenner herauslesen:

- In der vorislamischen Welt war die Frau ausschließlich Sklavin, Eigentum des Mannes, Objekt der Begierden und Trägerin der Stammesehre; als Mensch zweiter Klasse war sie eine Art Unperson, und die Geburt eines Mädchens kam einem Unglück gleich (Erdmute Heller). Deutlich wird dies auch bei der furchtbaren Gewohnheit der Tötung weiblicher Säuglinge, deren Ursprung sowohl in der bitteren Armut der Wüste als auch in einem immer noch unbekannten Aspekt heidnischer Religion zu suchen ist (Rodinson).
- Mohammed verbot nicht nur diesen fürchterlichen Brauch, sondern propagierte die Gleichberechtigung der Frau, zwar noch nicht in allen sozialen Bereichen, so doch vor Gott, was keinen zu unterschätzenden Fortschritt bedeutete. Getragen wurde diese Einstellung des Propheten von einer großen Achtung, die er für die Frau empfand.

Unterhalb dieser beiden gemeinsamen Nenner nagen allerdings unterschiedlichste Auffassungen: Für die vorislamische Zeit glauben einige Forscher Anzeichen eines Matriarchats entdeckt zu haben, in dem Nachkommenschaft und vererbter Besitz nur weiblicherseits gezählt werden. Andere Theorien glauben, das Vorhandensein der polyandrischen Ehe (eine Frau mit mehreren Männern) nachweisen zu können, ganz besonders in Medina. Wieder andere Meinungen bestreiten selbst das für die Zeit des Propheten angenommene Übergangsstadium von matriarchalischer zu patriarchalischer Gesellschaft und gehen von dem seit undenklichen Zeiten herrschenden Patriarchat Arabiens aus (Rodinson). Selbst die These, dass Arabien kurz vor dem Schritt zur Monogamie stand, ist vertreten worden.

Auch für die Einstellung Mohammeds zur Frau gibt es unterhalb des Konsenses verschiedene Strömungen. Heller hat bei einer chronologischen Betrachtung der einzelnen Suren unterschiedliche Tendenzen in den Offenbarungen in Mekka und denen in Medina ausgemacht: Erstere seien mehrheitlich von „frauenfreundlichen", Letztere von „frauenfeindlichen" Aussagen (zum Beispiel das Recht auf körperliche Züchtigung durch den Mann, die Benachteiligung der Tochter im Erbrecht) geprägt. Die Ursache hierfür sei im Unterschied des Sozialgefüges zwischen Mekka und Medina zu suchen, in dem gerade die Frauen Medinas durch eine ungewohnte „Aufsässigkeit" auffielen.

*

Dass der Koran dem Mann bis zu vier Frauen erlaubt, hat mehrere Ursachen. Die erste dürfte im Frauenüberschuss der Stämme liegen, deren Männer oft kriegsbedingt nicht zurückkehrten. Ein anderer, fast gewichtigerer Grund liegt in der Ungerechtigkeit, mit der Witwen und Waisen oft behandelt wurden. Sie waren in ihrer rechtlosen Stellung häufig Verwandten ausgeliefert, die sich an ihnen bereicherten. Mohammed wollte diese Rechtlosigkeit auffangen, indem er der Frau eine Sicherheit in der rechtlich geregelten Mehrehe zuwies. Wer glaubte, nicht die Verantwortung für mehrere

Frauen übernehmen zu können und damit zu einigen ungerecht zu sein, sollte weniger Frauen heiraten.

> *Und so ihr fürchtet, nicht Gerechtigkeit gegen die Waisen zu üben, so nehmt euch zu Weibern, die euch gut dünken, (nur) zwei, oder drei oder vier; und so ihr (auch dann) fürchtet, nicht billig [gerecht] zu sein, heiratet nur eine oder was eure Rechte (an Sklavinnen) besitzt. Solches schützt euch eher vor Ungerechtigkeit.*
> (Sure 4,3)

Oft wird Mohammed vorgeworfen, dass er an dem Konkubinat (mit Sklavinnen) festhielt und dass seine Scheidungsvorschriften männerfreundlich seien. Trotzdem ist sein Bestreben zu würdigen, die wirtschaftliche Lage allein stehender Frauen zu verbessern. Noch wichtiger aber ist, dass trotz Konkubinat und Scheidung die Stellung der Frau zum ersten Mal gesetzlich geregelt wurde. Die Frau konnte durch die gewährte gesetzliche Sicherheit endlich den Raum der Rechtlosigkeit verlassen! In diesem Licht ist auch für die Wiederverheiratung die vorgeschriebene Wartezeit nach der Menstruation zu sehen, die bei Unsicherheit über den Urheber einer möglichen Schwangerschaft drei Monate betragen soll.

Dass trotz Gleichheit zwischen Mann und Frau die Rollenverteilung der Geschlechter nicht gerade gerecht erfolgt, ist auch in der westlichen Gesellschaft bekannt; im Islam kommt dies krasser zum Vorschein. Die Autonomie der Frau im häuslichen Bereich wiegt natürlich keineswegs den alleinigen Anspruch des Vaters auf die Erziehung des Sohnes (auch nach Ehescheidungen) auf, sobald er das siebte Lebensjahr erreicht hat. Fälschlicherweise wird oft auch die Geschlechtertrennung, u. a. in der Moschee, als Unterordnung der Frau missverstanden. Die Trennung der Geschlechter und die damit verbundene Rollenteilung ist in Wirklichkeit eine pragmatische sexuelle Schutzmaßnahme, die nicht mit der emotionalen Instabilität der Frau, sondern mit der „Schwäche des Mannes" begründet wird. Auch der Tschador, der Schleier der Frau, eine spätere byzantinische Tradition, hat keinen frauenfeindlichen Zweck, sondern will der „Vermarktung der Frau durch Industrie und Mode" entgegenwirken, die gerade in den Ländern der Dritten Welt ruinöse Formen angenommen hat. Zudem bedeutet er für viele Frauen die „Aufhebung der Klassenunterschiede und eine Absage an die sklavische Nachahmung westlicher Modelaunen" (Heller).

Der Prophet und die Frauen

Die zu Recht gesehene eindeutige Bejahung des Geschlechtslebens, das zum Teil als Sakralakt gesehen wird, aber seinen Rahmen ausschließlich in der Ehe hat, ist im Islam Ausdruck von Lebensfreude und nicht etwa ein „hässlicher Fleck auf dem Prophetentume Muhammeds" (Ahrens). Ein moralischer Anstoß aber ist nur unter dieser Prämisse unvermeidlich, vor allem wenn sich die christliche Moral als Erbin des antiken Asketentums begreift und an der Sinnlichkeit des Propheten stößt.

Das Liebesleben des Propheten ist ein beredtes Beispiel für die Bejahung des Geschlechtslebens durch den Moslem. Vergessen werden darf dabei aber auch nicht der heiße Wunsch des Propheten nach einem Sohn. Diesen Wunsch konnte ihm keine seiner Frauen erfüllen. So soll das unvermeidliche Thema der Frauen im Leben des Propheten in Anlehnung an Essad Bey kurz und wenig spektakulär skizziert werden.

Die Zahl der angetrauten Frauen, die Sure 33,6 mit dem Titel „Mütter der Gläubigen" versieht, wird manchmal mit neun, manchmal mit elf, aber auch mit 14 angegeben. Nicht gerechnet sind die Konkubinen, die als sein Anteil an der Kriegsbeute in seinem Besitz waren, ferner die Frauen, die ihm ihre Liebe anboten. Zusätzlich ist festzustellen, dass mancher Ehebund auch das Ergebnis seiner Stammesdiplomatie war.

80 Jahre nach des Propheten Tod wurden zum Entsetzen der Einwohner Medinas im Hof der dortigen Moschee neun schmucklose Hütten abgerissen, um Platz für die neue Moschee zu schaffen. In diesen Hütten hatten seine Frauen gewohnt. Der Prophet selbst hatte kein Haus und wohnte abwechselnd bei seinen Frauen.

Der Hadith von seiner männlichen Kraft dürfte übertrieben sein, belegt jedoch die islamische Grundhaltung, dass Sexualität moralisch nicht verwerflich sei. Auch dürfte die nächtliche Rotation der ehelichen Gunst wahrscheinlicher sein als die folgende Aussage:

Anas Ibn Malik erzählte: „Im Laufe einer Nacht und eines Tages ging der Prophet bei all seinen Frauen ein! Und er hatte elf Frauen." Ich fragte ihn: „Hatte er denn so viel Kraft?" – „Ja. Wir sagten immer: Er hat die Kraft von dreißig Männern!"

(zit. n. al-Buhari V, 3)

Die Legitimation, mehr Frauen als die zugestandenen vier zu nehmen, erhält er direkt von Gott:

O Prophet, wir erlauben dir deine Gattinnen, denen du ihre Mitgift gabst und (die Sklavinnen,) die deine Rechte besitzt von dem, was dir Allah an Beute gab … und jedes gläubige Weib, so der Prophet sie zu heiraten begehrt: ein besonderes Privileg für dich vor den Gläubigen.

(Sure 33,49)

Im Folgenden sollen die wichtigsten Frauen im Leben des Propheten porträtiert werden.

CHADIDSCHA: Ihr verdankt Mohammed alles, sie trug seine Sorgen, glaubte an ihn und seine Mission und gab ihm den nötigen Halt. Er war ihr treu und liebevoll ergeben bis zu ihrem Tod 619. Als sie starb, war er knapp 50.

SAUDA: Sie war eine Witwe und eine tüchtige Hausfrau, die er kurz nach Chadidschas Tod ehelichte. Es war keine Liebesheirat, sondern ein Gebot der Vernunft, da eine Ehelosigkeit nachteilig für ihn gewesen wäre.

HAFSA: Sie war die Tochter von Omar, dessen Bekehrung (mit dem Schwert in der Hand) dem in Mekka bedrängten Propheten viel Mut machte. Nach dem Tod ihres Mannes konnte Vater Omar lange Zeit keinen neuen Gatten für sie finden, was ihn sehr demütigte. Mohammed erbarmte sich seiner und heiratete Hafsa. Ihr Vater wurde der zweite Kalif im Islam.

ZAINAB: Über Zainabs Großzügigkeit wurde bereits oben berichtet, sie war die Erste, die Mohammed ins Grab folgte. Die Ehe mit ihr schien am Anfang in einen Skandal auszuarten. Sie war die Gemahlin seines Adoptivsohnes Zaid, der sich extra von ihr scheiden ließ, um dem Propheten einen Gefallen zu erweisen. So weit die offizielle Version. Nach Ahrens fügte sich Zaid dem Druck des Propheten und gab nach. Das Ehehindernis der Verwandtschaft wurde ausgeräumt, und zwar durch allerhöchste Autorität:

Und als Zaid die Sache mit ihr erledigt hatte, verheirateten wir dich mit ihr, damit es für die Gläubigen keine Sünde sei, die Gattinnen ihrer Adoptivsöhne zu heiraten, wenn sie die Sache mit ihnen erledigt hatten. Und Allahs Befehl ist zu tun.

(Sure 33,37)

SAFIYA: Sie war eine Jüdin aus der Oase Chaibar, die Mohammed nach einem Feldzug gegen den dortigen jüdischen Stamm als Beute beanspruchte. Sie hatte besonders unter der Eifersucht Aischas zu leiden.

ASMA: Sie war die Tochter eines benachbarten Herrschergeschlechts und wurde Mohammed als Geschenk übersandt. Aufgrund von Intrigen des Harems wurde sie verstoßen.

MARIA: Sie war ein Geschenk des Statthalters von Ägypten, eine koptische Sklavin, die er innig liebte, aber nie heiratete. Sie schenkte ihm den heiß ersehnten Sohn, der aber nach einem Jahr schon starb. Eine Intrige von Aischa und Hafsa gegen sie erboste ihn einmal so, dass er bei Maria blieb und schwor, die anderen Frauen zu meiden. Eine Offenbarung entband ihn aber auch von seinem Schwur:

O Prophet, warum verbietest *du, was Allah dir erlaubt hat, deinen Gattinnen zu gefallen? Doch Allah ist verzeihend und barmherzig.*

(Sure 66,1)

AISCHA: Sie sollte die wichtigste Frau im Leben des Propheten werden. Das erste Mal erblickte er sie, als sie im zarten Alter von sechs Jahren war. Ihr Vater ist der getreue Abu Bakr, der einer späteren Verbindung nicht abgeneigt war, würden doch damit die Bande zwischen ihm und dem Propheten gefestigt werden. Drei Jahre mussten vergehen, bis die Kindfrau im Alter von neun Jahren (die Altersangabe von zwölf Jahren ist seltener) zum Propheten gebracht wurde, wahrscheinlich mit ihren Spielsachen. Hatte er für Chadidscha Respekt, Zuneigung und Dankbarkeit empfunden, war es jetzt Liebe, die er für Aischa emp-

fand. Für den Rest seiner Frauen kann man politische Erwägung oder Leidenschaft annehmen.
Aischa genoss Privilegien, sie konnte sich auch Freiheiten ihrem Mann gegenüber herausnehmen. Als der Prophet für die Ehe mit der Tochter seines Adoptivsohnes Zaid eine Offenbarung zur Rechtfertigung seines Tuns erhielt, soll sie dazu schlagfertig ihm gegenüber geäußert haben: „Dein Herr hat wahrlich Eile, deine Lust zu befriedigen." (zit. nach Andrae)
Die unerwünschte Schwester der Liebe ist die Eifersucht. Zum größten Klatschereignis von Medina artete die „Halsketten-Affäre" aus, ihre Folgen sollten den Islam spalten. Aischa selbst berichtet:

Auf dem Heimweg von einem Feldzug waren wir nicht mehr weit von Medina entfernt. Der Prophet gab den Befehl, bei Nacht zu reiten. Ich entfernte mich vom Lager, um meine Notdurft zu verrichten. Ich war schon fast zurück, als ich bemerkte, dass meine Halskette aus jemenitischem Achat aufgegangen war und ich sie verloren hatte. Ich ging zurück, um sie zu suchen. – Die Leute, die mein Kamel zur Abreise fertig machten, glaubten, ich würde in der [verhüllten] Sänfte sitzen und befestigten die Sänfte auf dem Kamel. Damals waren die Frauen noch sehr schlank, nicht so schwer und füllig wie heute, da sie so viel essen! Als ich meine Halskette fand, hatte sich die Karawane bereits entfernt. Ich kam zum Lagerplatz zurück, und niemand war mehr da. Ich setzte mich und dachte, sie würden mein Fehlen bald bemerken.

Während ich so dasaß und wartete, fielen mir die Augen zu, und ich schlief ein.

(zit. n. al-Buhari XXVI, 8; stark gekürzt)

Geweckt wurde sie von dem hübschen Krieger Safwan Ibn-Mu'attal, der ebenfalls hinter der Karawane zurückgeblieben war und sie nun wieder zu den anderen brachte. Was Aischa nicht erzählt hatte, war, dass der Prophet von dem Feldzug eine Frau mit nach Hause führte, was sie sehr erzürnte.

Je öfter sie nun in Medina die Geschichte von der Halskette erzählte, desto höflicher und schmunzelnder wurde die Reaktion der Zuhörer. Das Halsband verdrängte bald an Bedeutung den Feldzug, und es machte sich ein böses Gerücht breit: Die 15-jährige Aischa habe den 60-jährigen Propheten betrogen! Mohammed war konsterniert und hilflos. Er zog sich von ihr zurück. Aischa wurde krank (vgl. Essad Bey). Sie zog zu ihren Eltern und erwartete den Scheidebrief. Auch die Todesstrafe stand am Rand ihrer Befürchtungen.

Mohammed befragte mehrere Menschen um ihre Meinung. Unter anderem auch Ali, Vetter und durch die Heirat mit Mohammeds Lieblingstochter Fatima nächster Blutsverwandter des Propheten. Für ihn kam dies alles höchst willkommen, denn er witterte instinktiv die Chance, die Fraktion von Aischa, Abu Bakr und Omar zu schwächen und einmal selbst die Nachfolge des Schwiegervaters anzutreten. Immerhin war er der erste männliche Moslem gewesen und hatte mit Fatima zwei Söhne, Hassan und Hussain.

Ali riet zur Scheidung! Er wollte mit aller Macht die Nachfolge des Propheten für sich und seine Kinder sichern. Damit zog er sich den unversöhnlichen Hass der kleinen Aischa zu. Dieser Hass sollte Folgen haben.

Aischa wurde verhört. Als alles auf der Kippe stand, griff Allah in die Liebesgeschichte ein: Der Prophet empfing eine Offenbarung!

Siehe, diejenigen, welche die Lüge aufbrachten, eine Anzahl von euch, erachten es nicht für ein Übel für euch; nein, es ist gut für euch. Jedem Manne von ihnen soll sein, was er verdient hat an Sünde, und derjenige, welcher es übernahm, sie zu vergrößern, soll gewaltige Strafe empfangen.

(Sure 24,11)

Etwas Gutes hatte die ganze Sache doch. Für die Zukunft wurde Klarheit geschaffen über das Problem des vermeintlichen Ehebruchs. Jeder Verdacht musste fortan von vier Zeugen mitgetragen werden; wer das nicht vermag und trotzdem Frauen verleumdet, soll mit 80 Hieben bestraft werden (Sure 24,4).

Aischa hörte bis zu ihrem Tode nicht auf, Ali zu hassen. Dieser Hass, meint Essad Bey, führte zuletzt die große, schicksalsschwere Spaltung des Islam herbei, einerseits in die Schiiten, die Parteigänger Alis, und andererseits in die Sunniten, die Abu Bakr und Omar folgten.

Aischa überlebte ihren berühmten Mann um 46 Jahre. Sie starb 678 in Medina.

Leben

La ilaha illa llah, Muhammadun rasulu llah: Es gibt keinen Gott außer Allah, Mohammed ist sein Gesandter!

Mit diesem Bekenntnis tritt man in die Weltreligion des Islam ein. Es ist nicht nur ein moralisch verbindlicher, sondern auch ein rechtlicher Schritt, den man sorgfältiger erwägen sollte als beispielsweise ein Liebäugeln mit unverbindlichen buddhistischen Meditationstechniken.

Als neues Mitglied wird man schnell merken, dass das Leben des Moslems von einer Unmenge religiöser Riten und Vorschriften geprägt ist. Sie reichen von präzisen Anweisungen für die „Große" und die „Kleine Waschung", Vorschriften für die Menstruation, Halten des Penis beim Urinieren, Versäumnisse des Gebets, Fastenvorschriften, Kriterien für die Ehe, Wartezeiten bei Scheidungen und Behandlung von Witwen bis hin zu den elementaren Weisungen für die einmalige Wallfahrt nach Mekka. Wer aber glaubt, dass damit der Gläubige einem strengen Korsett unterworfen ist, das seinem Leben eine drückende Last auferlegt, der irrt. Der ungezählte Hinweis, dass Allah barmherzig, verzeihend und nachsichtig sei, ist durchaus ernst gemeint. Durch echte Reumütigkeit kann der Gläubige Vergebung für die kleinsten und größten Verfehlungen bekommen.

Die Verbote bezüglich einiger Speisen und des Alkohols scheinen nicht aus der Mekka-Zeit zu stammen, sondern erst später ausgesprochen worden zu sein.

Verwehrt ist euch Krepiertes, Blut, Schweinefleisch und das, über dem ein anderer Name als Allahs (beim Schlachten) angerufen ward; das Erwürgte, das Erschlagene, das durch Sturz oder Hörnerstoß Umgekommene …

(Sure 5,4)

Umstritten ist, ob die Koranstelle über den Genuss von Wein ein generelles Alkoholverbot oder nur eine Warnung darstellt. Manch Koranforscher meint aus Sure 4 ein grundsätzliches Alkoholverbot nicht ableiten zu können:

O ihr, die ihr glaubt, nähert euch nicht trunken dem Gebet (sondern wartet), bis ihr wisset, was ihr sprechet … (Vers 46)

Es wird berichtet, dass der Weingenuss erst gebannt wurde, als ein Gläubiger in berauschtem Zustand das Gebet in der Moschee störte. Bei der folgenden Sure scheint das Alkoholverbot bereits Tatsache zu sein.

O ihr, die ihr glaubt, siehe, der Wein, das Spiel, die Bilder und die Pfeile sind ein Gräuel von Satans Werk. Meidet sie; vielleicht ergeht es euch wohl. Der Satan will nur zwischen euch Feindschaft und Hass werfen durch Wein und Spiel und euch abwenden von dem Gedanken an Allah und dem Gebet. Wollt ihr deshalb nicht davon ablassen?

(Sure 5,92f)

In den Hadithen wird das Verbot von Alkohol klar umrissen. Verboten ist, was berauscht; das trifft auch für Dattelsaft zu. „Und als Wein bezeichnen wir jedes Getränk, das den Verstand trübt." (zit. n. al-Buhari XXXII, 2)

Die Strafe für Trunkenheit besteht aus Schlägen, aber der Prophet „hat kein festes Strafmaß für das Vergehen des Weintrinkens festgelegt". Verflucht aber werden darf der Betrunkene nicht, denn trotz dieses Vergehens kann er ein Gläubiger sein (al-Buhari XXXVII, 2 und 3).

Die komplexe und komplizierte Stellung des Islam zur Kunst kann hier nur gestreift werden. Kunst, die nie um ihrer selbst willen ausgeübt werden darf, soll den Menschen zu Wahrheiten führen, die höher sind als die Natur, zu allem, was auf Gottes Sein ahnen lässt. Von daher verbietet sich eine Nachahmung der Natur durch figürliche Darstellungen jeglicher Art. So haben die bildlichen Muster, Arabesken, ornamentalen Ausschmückungen, Muster ohne Anfang und Ende oder Stuckverkleidungen in der Architektur die alleinige Aufgabe, alles Stoffliche nicht natürlich erscheinen zu lassen, um eine Ahnung von einer nichtnatürlichen Welt hervorzurufen.

Das Verbot der figürlichen Darstellung wird schöpfungstheologisch begründet. Ein Bild ist eine Nachahmung von Gottes Schöpfung, am Tage des Gerichts ist der Künstler unfähig, das Bild zum Leben zu erwecken.

Menschen, die diese Bilder malen, werden am Tag des Gerichts schwer bestraft werden. Zu ihnen wird gesagt werden: „Verleiht dem Leben, was ihr geschaffen habt!"

(zit. n. al-Buhari XXXV, 32)

Aischa berichtet folgende Geschichte:

Am Eingang zu meiner Kammer hatte ich einen Vorhang, auf den Bilder gemalt waren. Als der Gesandte Gottes von seiner Reise zurückkehrte und den Vorhang sah, zerriss er ihn und sagte: „Menschen, die Gottes Schöpfung nachahmen, haben am Tag des Gerichts schwerste Strafe zu erwarten!"
Aus dem Stoff des Vorhangs machten wir ein oder zwei Kissen!

(zit. n. al-Buhari XXXV, 33)

Das Gebet

Dieser dritte Grundpfeiler des Islam bestimmt den Tagesablauf des Moslems am meisten. In einem Hadith heißt es, dass Gott dem Propheten bei seiner Himmelsreise täglich 50 Gebete für die Gläubigen aufgetragen hat. Mühsam rang er dem Höchsten dreimal eine Reduzierung der Gebete ab, bis die Anzahl fünf betrug. Davon gehen zumindest drei auf die Zeit des Propheten zurück (Angelika Neuwirth). Neben der für Außenstehende verwirrenden Anzahl von Körperbeugungen, Niederwerfungen und Aufrichtungen ist die Gebetsrichtung nach Mekka und die Rezitation des Korans zentral, wobei die Fatiha, die erste Sure, unverzichtbar ist.

Als einmal ein Mann in der Moschee neben Mohammed gebetet hatte und sich entfernen wollte, schickte ihn der Prophet zurück mit der Mahnung, dass er noch nicht gebetet hatte. Nach dreimaliger Wiederholung fragte ihn der Getadelte verwundert, was er denn falsch gemacht habe.

Der Prophet sprach: „Wenn du dich zum Gebet aufstellst, sprich den Lobpreis Gottes [d. h. die Fatiha: Sure 1]! Anschließend sollst du aus dem Koran rezitieren, was du auswendig weißt und aufsagen möchtest. Darauf verbeugst du dich und verweilst in angenehmer Lage. Richte dich dann wieder auf und wirf dich nieder. Verharre ein wenig in bequemer Stellung, bis du dich zuletzt in die sitzende Lage begibst. Auf diese Weise sollst du jedes Gebet verrichten!"

(zit. n. al-Buhari X, 31)

Die Teilnahme am Freitagsgebet ist obligatorisch. Mohammed hatte in einem Hadith angeblich gesagt, dass den Juden und Christen der Freitag zur religiösen Pflicht gemacht wurde, diese aber sich nicht daran hielten (zit. n. al-Buhari XI, 1). Das ist schlichtweg falsch. Wenn ein Tag überhaupt zur religiösen Pflicht gemacht wurde, war dies der Sabbath. Den aber wollte Mohammed nicht übernehmen, sei es aus Abgrenzungsgründen den Juden gegenüber oder aus praktischen Erwägungen, da im Lebensgang der Beduinen und ihrer Herden kein Ruhetag vorkommt. Den Sonntag der Christen als Gedenktag der Auferstehung Jesu konnte und mochte

Mohammed auch nicht übernehmen, da er die Ansicht vertrat, dass Jesus nie gekreuzigt wurde (die Römer schlugen für Jesus angeblich einen anderen ans Kreuz!) und infolgedessen auch nicht auferstehen konnte.

Der Koran nennt den Freitag den „Tag der Versammlung", arbeitsfrei ist aber nur die Zeit während der Freitagsliturgie.

> *O ihr, die ihr glaubt, wenn zum Gebet gerufen wird am Tag der* Versammlung, *dann eilet zum Gedenken Allahs und lasset den Handel (ruhen). Das ist euch gut, so ihr es wisset.*
>
> (Sure 62,9)

Das Ramadan-Fasten

Das Fasten ist der vierte Grundpfeiler islamischen Glaubens. Seine Ursprünge reichen weit zurück und können in Primitivkulten im Zusammenhang von Zeiten der Ernte und der Trauer ausgemacht werden. Vorbild für das Fasten im Islam ist das Fasten am jüdischen Versöhnungsfest, das der Prophet anfänglich seinen Anhängern nahe legte. In der Verbindung des Fastens zu Gebet und Almosen, die auch das Judentum kennt, bricht ein ethischer Grundgedanke durch: Fasten ist nie Selbstzweck. Auch hier ist der Reinigungsgedanke zentral, der sich bis heute gehalten hat und selbst in die moderne Ernährungslehre eingegangen ist. Nach Abu Huriara habe der Prophet einmal gesagt:

Das Fasten ist ein Schutz! Wer fastet, soll keine ungehörigen Reden führen und sich nicht unverständig benehmen. Und wenn jemand gegen einen Fastenden vorgeht oder ihn beleidigt, soll dieser sagen: „Ich faste!“ Zweimal soll er das sagen!
Bei dem, in dessen Hand ich mich befinde! Der Mundgeruch eines Fastenden ist Gott lieber als der Duft von Moschus.

(zit. n. al-Buhari XIX, 2)

Der Grund für die Verlegung der Fastenzeit auf den Monat Ramadan ist nach Sure 2,181 die Tatsache, dass da „der Koran herabgesandt wurde als eine Leitung für die Menschen“. Dagegen will ein englischer Forscher nachgewiesen haben, dass die Schlacht von Badr im Ramadan der eigentliche Grund gewesen sei.

Während des Ramadan, der infolge der islamischen Rechnung der Monate in 29 und 30 Tage stets auf einen anderen Termin fällt, herrscht absolutes Verbot für Essen, Trinken und Geschlechtsverkehr. Ausgenommen sind Reisende, Kinder, Kranke, schwangere und stillende Frauen. Das Fasten ist auf den Tag beschränkt, bei Anbruch der Dämmerung hört es auf. Es heißt, wenn man einen schwarzen Faden nicht mehr von einem weißen unterscheiden kann. Im Zweifelsfalle richtet sich der heutige Moslem nach dem Moment, wo am Minarett die Kette elektrischer Glühbirnen angeschaltet wird. Wann das Fasten wieder beginnt, bestimmt der Koran:

Und esset und trinket, bis ihr einen weißen Faden von einem schwarzen Faden in der Morgenröte unterscheidet. Alsbald haltet streng das Fasten bis zur Nacht und ruhet nicht bei ihnen [den Ehefrauen], sondern verweilet in den Moscheen. Die sind die Schranken Allahs; kommt ihnen nicht zu nahe.

(Sure 2,183)

Der Abend des Fastentages gehört dem festlichen Treiben. Seinen Höhepunkt findet es am mehrtägigen Bairam-Fest, dem Fest des Fastenbrechens, wenn der Ramadan zu Ende geht.

Das Herz des Islam

Welchen Stellenwert die große Wallfahrt nach Mekka in den Hadithen einnimmt, ist nicht einheitlich. In dem Bericht des Abu Huraira fragte jemand den Propheten, welches das beste Werk sei. Die Antwort Mohammeds war: „Der Glaube an Gott und seinen Gesandten." – „Und das zweitbeste Werk?" – „Der Einsatz für die Sache Gottes." – „Und was ist das drittbeste?" – „Der vollständige und pflichtgemäße Vollzug der Wallfahrt."

Aischa, die Mutter der Gläubigen, rückt dagegen die Wallfahrt an die zweite Stelle. Sie berichtet, der Prophet habe ihr geantwortet: „Der beste Einsatz für die Sache Gottes ist die pflichtgemäße und vollständig vollzogene Wallfahrt." (zit. n. Ahmad XVII, 2)

Wie aber sieht die pflichtgemäße und vollständig vollzogene

Wallfahrt aus? Wie wird die fünfte und letzte Grundpflicht des Gläubigen vollzogen?

Es gibt zwei Möglichkeiten, die Manifestation Allahs auf Erden zu besehen: die Umra, der Besuch Mekkas, der jederzeit möglich ist, und die Hadsch, die große Wallfahrt, die nach al-Buhari nur im 10., 11. und während der ersten zehn Tage des 12. Monats des islamischen Kalenders begangen wird. Sie ist für den Gläubigen eine Pflicht, der er einmal in seinem Leben nachkommen muss. Während dieser Zeit gilt die Weisung aus dem Koran:

> *Wer sich in ihnen [den Monaten] der Pilgerfahrt unterzieht, der enthalte sich des Beischlafs und des Unrechts und des Streites auf der Pilgerfahrt. Und was ihr Gutes tut, Allah weiß es. Und versorgt euch mit Zehrung; aber die beste Zehrung ist die Gottesfurcht.*
>
> (Sure 2,193)

Rund um Mekka erstreckt sich das „Heilige Gebiet", das von Nichtmuslimen nicht betreten werden darf. Nach der ausdrücklichen Bekundung der Wallfahrtsabsicht und nach bestimmten rituellen Reinigungs-, Bekleidungs- und Gebetsvorschriften ist der Gläubige im Weihezustand und betritt mit dem rechten Fuß zuerst die Moschee, die von dem vielfältigen Ruf „Labbayka, Allahuma, labbayk" erfüllt ist: „Hier, mein Gott, hier bin ich!"

Den Ausgang bildet der Tawaf, der aus der siebenmaligen Umschreitung der Kaaba entgegen dem Uhrzeigersinn besteht. Die ersten drei Umrundungen werden im Laufschritt vollzogen. Auch hierfür bietet ein Hadith in dem Bericht von Ibn Abbas die Erklärung:

Als der Gesandte Gottes mit seinen Gefährten nach Mekka kam, verbreiteten die Götzendiener in der Stadt das Gerücht, die Muslime seien durch das Fieber in Medina geschwächt. Da befahl der Prophet seinen Gefährten, die ersten drei Umrundungen der Kaaba im Laufschritt zu verrichten. Der Prophet wies sie nicht an, alle sieben Umrundungen im Laufschritt zu absolvieren, da er sie nicht zu sehr anstrengen wollte.

(zit. n. al-Buhari XVII, 15)

Der schwarze Stein an der östlichen Ecke der Kaaba ist nach Möglichkeit mit den Handflächen zu berühren und zu küssen. Bei zu starkem Andrang genügt eine kurze Berührung oder sogar nur ein Ausstrecken der Hände in seine Richtung.

Nach der Tawaf geht man zum Maqam Ibrahim, dem Platz Abrahams, auf dem er beim Bau der Kaaba stand; Sohn Ismael reichte ihm die Steine dorthin hoch. Die angeblichen Abdrücke seiner Füße sind heute unter einem kleinen Glasdom zu sehen.

Es folgt das Trinken von der Quelle Zemzem, bis der Durst gelöscht ist. Zugänglich ist der Brunnen (Durchmesser: 2,50 Meter, Tiefe: 18 Meter) heute nur unterirdisch mit separaten Eingängen für Männer und Frauen.

Ein blaues Licht an der Moscheewand weist den Weg nach Osten, den Zugang zu den beiden Höhen Safa und Marwa. Was jetzt folgt, heißt „Sa'i", das siebenmalige Laufen zwischen beiden Hügeln. Es erinnert an Hagar, die Abraham hier mit einem Schlauch Wasser und Brot für sie und ihren Sohn Ismael zurückließ. Als das Wasser ausgetrunken war und der Sohn zu verdursten drohte, rannte Hagar auf den Hügel Safa, um Ausschau nach Hilfe zu halten. Dann lief sie herunter, im Tal raffte sie ihr Gewand und rannte in Eile und Verzweiflung zum anderen Hügel Marwa. Nach siebenmaligem Hin- und Herrennen sah sie schließlich von Marwa aus, wie ein Engel die Erde aufbrach und Wasser hervorquoll.

Die Strecke zwischen den Hügeln, von denen nur noch ein Stück Fels sichtbar ist, ist nicht ganz 400 Meter lang, klimatisiert und überdacht. Die nicht mehr erkennbare Talsohle, wo Hagar ihr Gewand raffte, ist mit grünen Säulen gekennzeichnet; zwischen ihnen gilt der Laufschritt, aber nur für Männer. Die Stelle, an der der Engel die Erde aufbrach (in 1 Mose 21,19 ist es ein Brunnen in der Wüste bei Beerseba), ist der bereits bekannte Brunnen Zemzem.

Am nächsten Tag fahren die Pilger in Gruppen über Mina in die Ebene Arafat, 25 Kilometer von Mekka entfernt. Es ist der Ort, an dem sich Adam und Eva nach der Vertreibung aus dem Paradies vorfanden.

Dort stehen sie von Mittag bis zum Abend vor dem Angesicht ihres Gottes, vergleichbar mit dem Verharren der Kinder Israels am Berge Sinai (Neuwirth). Die Zeit wird mit persönlichen Bittgebeten und Koranlesungen gefüllt. Weitere kultische Handlungen sind hier nicht vorgesehen. Am Abend bricht man nach Musdalifa auf, wo 70 etwa bohnengroße Steine gesammelt werden. Beim nächsten Sonnenaufgang geht es nach Mina, wo die größte Säule siebenmal mit Steinen beworfen wird. Mit dieser Steinigung wird das Böse, wird Satan gestraft, sie soll an die Abwehr Satans durch Abraham erinnern.

> *„Von Arafat bist du gereinigt zurückgekommen, und in Musdalifa hast du dich vorbereitet für auf den Kampf der Zukunft, den Kampf am morgigen Tag, mit dem Feind. Dort in der Nacht hast du deine Steine gesammelt, die du ihm ins Gesicht schleuderst, wenn er auf dich zukommt."*
>
> (zit. n. v. Denffer)

Es folgt die eigene oder die in Auftrag gegebene Schlachtung eines Opfertieres in Mina. Eine theologische Sühneauffassung ist damit nicht verbunden, es ist lediglich eine Erinnerung an den bedingungslosen Glauben Abrahams, der Gott gehorchen wollte und seinen eigenen Sohn zu opfern bereit war, bis der Engel ihm Einhalt gebot und das Tieropfer an die Stelle des Menschenopfers setzte. Dieser Sohn war nach islamischer Auffassung Ismael und nicht der im Alten Testament genannte Isaak. Ein Drittel des Opferfleisches ist den Armen abzugeben.

Damit ist die eigentliche Wallfahrt beendet, üblich ist aber eine Wiederholung: nochmaliges Trinken vom Brunnen Zemzem, Umrundung der Kaaba, Durcheilen der Talsohle zwischen Safa und Marwa und wieder Mina, wo jetzt auch die anderen zwei Säulen mit Steinen beworfen werden. Eine letzte Kaaba-Umrundung beendet die Hadsch. Es heißt, dass für den gläubigen Moslem die Erde keine größere Freude bereithält.

Exkurs: Das Geheimnis des Hidschr

An der nordwestlichen Seite der Kaaba befindet sich ein halbkreisförmiges Rund aus weißem Marmor. Seine Mauer ist eineinhalb Meter stark und einen Meter hoch. Obwohl es von dem Würfel der Kaaba abgetrennt dasteht, besteht Einigkeit darüber, dass es in vorislamischer Zeit zum Heiligtum dazugehörte. Dem trägt die heutige Wallfahrtspraxis noch Rechnung, indem sie die Einbeziehung des Hidschr (Higr) in die siebenmalige Umrundung vorschreibt. Welche Funktion aber die halbrunde Mauer einmal hatte, ist unklar. In allen älteren Mekka-Beschreibungen ist zu lesen, dass sich die Gräber von Hagar und ihrem Sohn Ismael darunter befinden. Dieser Hinweis fehlt aber weitgehend in heutigen Publikationen, so zum Beispiel in der zitierten islamischen Wallfahrtsanleitung und in dem bedeutenden Mekka-Buch von Suraiya Faroqhi. Grabmähler in dieser Form sind recht ungewöhnlich. So ist die These von Hurgronje verständlich, die aufzeigte, dass das (bereits vorhandene) Halbrund von Gegenkalif Abdallah 684 in die Kaaba einbezogen wurde und Kalif Hadijadj neun Jahre später bei der Eroberung von Mekka den Hidschr endgültig abtrennte. Wo aber liegt der Sinn für Einbeziehung und Trennung?

Die bauliche Erklärung von Hurgronje, der Kaaba sei mit der Einbeziehung die Form eines Stiefelabsatzes gegeben, bleibt unbefriedigend. Vor allem bleibt die Frage offen: Warum musste die bauliche Einheit von Kaaba und Hidschr wieder rückgängig gemacht werden?

Ein Blick auf die Bedeutung des Wortes „Hidschr“ hilft ein wenig weiter. Das arabische „higr“ bedeutet „Schoß“. Einem als Schoß bezeichnetem Teil eines Heiligtums müsste eigentlich eine zentrale Stellung beim Kult zukommen. Von dieser Überlegung ausgehend entwickelt Günter Lüling seine ausgefallene, aber Aufsehen erregende Idee von der Urgestalt der Kaaba als christlicher Kirche. Sie soll dem Leser nicht vorenthalten werden. Es muss aber betont werden, dass diese Theorie am Rande der Islamforschung anzusiedeln ist und sich trotz ihrer Faszination bis jetzt nicht durchgesetzt hat. Wir aber wollen diese Theorie weiter behandeln.

Eine zweite bekannte Bezeichnung für „higr“ ist „al-hatim, „die Zerschmetterte“. Was aber wurde zerschmettert? Als Antwort bietet sich ein Gemäuer über dem Halbrund an, das in der Verbindung mit dem Kaaba-Würfel eine für Kirchenbauten typische Apsis sein könnte. Gräber, zum Beispiel die angenommenen von Hagar und Ismael, aber auch die anderer Heiliger, hätten in der Krypta einer Kirchenapsis einen würdigen und dem Brauch entsprechenden Ort.

Auch die im Inneren das Dach der Kaaba stützenden zwei Säulenreihen zu je drei Säulen (mit jeweils 60 Zentimetern Durchmesser) würden in das Bild eines Kirchenraumes passen, das dadurch in drei Kirchenschiffe gegliedert wäre. (Andere Quellen berichten dagegen übereinstimmend von nur einer Reihe von drei Säulen aus Teakholz!)

Lüling bekräftigt seine ungewöhnliche Theorie noch mit der Ausrichtung dieses angeblichen Kirchenbaues. Da die Apsis die Stirnseite einer Kirche kennzeichnet, weist diese eindeutig nach Nordwesten: nach Jerusalem. Ist diese Theorie richtig, ergäbe die Zerstörung des Hidschr, der Apsis, einen Sinn. Die Ausrichtung nach Jerusalem wäre damit unkenntlich gemacht und aufgehoben!

Lülings Ergebnisse sind im Zusammenhang seiner Gesamtarbeit zu sehen, die von einem verdrängten christlichen Einfluss auf den Islam ausgeht. Nach ihm waren die Hauptgegner Mohammeds nicht Heiden, sondern die Christen von Mekka. Auch die 360 Statuen rund um die Kaaba, die der Prophet zertrümmern ließ, seien in Wirklichkeit keine Götzen, sondern die 365 Namenstag-Heiligen der syrischen Kirche.

Eine solche Sicht würde alles Bisherige über den Haufen werfen, weshalb auch Lülings Thesen auch nicht von der abendländischen Islamforschung übernommen wurden. Dass aber der christliche Einfluss auf den Propheten aus Mekka stärker war als bislang vermutet, darf angenommen werden. Ein unumstrittenes Indiz für Kenntnisse des Propheten vom Christentum ist die bekannte Stelle aus dem Johannesevangelium, in der Jesus angeblich das Kommen Mohammeds voraussagt: „Aber der Tröster (parakletos) … den mein Vater senden wird in meinem Namen, der wird euch alles lehren und euch erinnern alles des, was ich euch gesagt habe.“ (Joh 14,26)

Auch im Koran findet sich eine Stelle, in der Jesus zitiert wird:

„Ich bin Allahs Gesandter an Euch … einen Gesandten verkündigend, der nach mir kommen soll, des Name Ahmed ist“ (Sure 61,6). Das griechische Wort für Ahmed ist „periklytos“, der „Hochgepriesene“. Dieselbe Bedeutung hat bekanntlich auch der Name Mohammed. Wer behaupten kann, dass „parakletos“, „Tröster“, eine christliche Fälschung von „periklytos“, „Gepriesener“, ist, hat mehr Berührungspunkte mit dem Christentum, als er zugeben will.

Die Ausbreitung des Islam

Die Länder rings um Arabien fielen der neuen Weltmacht Islam nach und nach wie reife Früchte in den Schoß. Das lag nicht nur an der Tapferkeit der Krieger Allahs, sondern auch an der oströmischen Kirchenpolitik von Byzanz, die schuld daran war, dass die moslemischen Eroberer oft als Befreier empfangen wurden. Ein weiterer Vorzug des Islam, wies Ahrens nach, war die scharfe Betonung des Glaubens an den einen alleinigen Gott, der an Attraktivität das in den Schatten stellte, was das morgenländische Christentum des 7. Jahrhunderts den Massen mit seinen dogmatischen Zänkereien und den Primitiväußerungen des Glaubens mit Reliquien- und Heiligendienst, Zauberwesen und Fakirtum zumutete. Anfangs ging es auch nicht um eine Bekehrung der unterworfenen Völker, sondern lediglich darum, sie tributpflichtig zu machen. Die Islamisierung wurde erst später rücksichtsloser, und die Christen wurden immer mehr als Bürger zweiter Klasse behandelt.

Die äußeren Daten der Ausbreitung sind bekannt. Allahs Reiterscharen überrannten 635 Syrien, 637 den Irak, 640 Palästina, 642 Ägypten, 650 Persien und wurden erst in Spanien im Jahre 732 in der Schlacht von Tours und Poitiers von Karl Martell gestoppt. 1453 fiel Konstantinopel mit der Hagia Sophia der Eroberungswelle zum Opfer, bis sie 1683 vor Wien zum Stillstand kam. Ein bei dem Rückzug der Angreifer zurückgelassener Sack voll brauner „Bohnen" bescherte Europa seinen geliebten Kaffee.

Die Kalifen

Mit Aischas Vater Abu Bakr beginnt das goldene Zeitalter des Islam, es reicht bis zum vierten Kalifen (Chalifa, arabisch „Nachfolger des Gesandten Allahs"). Abu Bakr starb zwei Jahre nach Mohammed. Im Sterben bestimmte er Omar zu seinem Nachfolger. Essad Bey nennt ihn den Paulus des Islam; „Paulus in Waffen", möchte man korrigierend hinzufügen, denn unter ihm erfuhr der Islam seine vorerst größte Ausbreitung. Im privaten Leben blieb er anspruchslos und fromm. Nur zwei Dirham soll er täglich für seine persönlichen Bedürfnisse beansprucht haben. 644 wurde er ermordet.

Ein Sechserrat aus Medina wählte den greisen Othman zum dritten Kalifen. Es war keine glückliche Regentschaft; man nahm ihm in Medina übel, dass er das Eindringen der Omajjadenfamilie aus Mekka in führende Ämter duldete, ja förderte. Eine schicksalsschwere Entscheidung Othmans war die Ernennung des Ibn-

Safyan-Sohnes Muawija zum Statthalter von Syrien. Inwieweit die offizielle Redaktion des Korans und die Vernichtung der anderen Koranausgaben schuld an dem Aufstand war, der ihm 656 das Leben kostete, konnte bisher nicht geklärt werden.

Es kam die lang ersehnte Stunde des Ali, Ehemann der Prophetentochter Fatima. Jetzt, im vierten Anlauf, gelang es ihm, die Nachfolge des berühmten Schwiegervaters anzutreten. Außerhalb von Medina regte sich Widerstand, geschürt von keiner Geringeren als der alten Widersacherin Aischa, die sich für Alis Haltung in der Halsketten-Affäre rächte. In der ersten Schlacht, der so genannten Kamelschlacht, war Ali siegreich. Dann kamen aus Damaskus die Truppen des Muawija, es kam zur Schlacht von Siffin. Sie verlief unentschieden, und es wurde verhandelt. Als eine Gruppe aus Alis Heer ausscherte, war seine Position geschwächt. Ein tödliches Attentat im Jahre 661 beendete vorerst die Kalifennachfolge für die leiblichen Nachfahren des Propheten.

Muawija, der fünfte Kalif, verlegte seinen Sitz nach Damaskus und begründete mit der Omajjadendynastie das erbliche Kalifat, das bis 750 währen sollte.

Mit der Ermordung Alis war aber der Traum von einer leiblichen Prophetennachfolge noch nicht ausgeträumt. Aber es scheint, dass dieser Traum mehr von den Ali-Anhängern als von den Ali-Söhnen geträumt wurde. Alis erster Sohn Hassan, von seinem Vater selbst als Verschwender bezeichnet, ließ sich seinen Anspruch auf das Kalifenamt fürstlich abkaufen und starb 669. Auch Alis zweiter Sohn Hussain zögerte, einen Anspruch auf das Kalifat anzumelden, und hielt sich anfangs von der Politik fern. Als Muawija im Sterben lag und seinen Sohn Yazid zum Nachfolger bestimmte, forderten Anhänger des Ali-Hauses dazu auf, Yazid den Gehorsam zu verweigern und Hussain als rechtmäßigen Kalifen anzuerkennen. Als der Aufstand gegen Yazid begann, reagierte Hussain endlich und marschierte mit einem kleinen Heer in Richtung Irak, um dort mit den aufständischen Kufa-Schiiten gegen Yazid zu kämpfen. Als er in der Ebene von Kerbala (Irak) ankam, besiegelte sich sein Schicksal. Er und seine Mannen wurden auf brutalste Weise von Yazid-Truppen niedergemetzelt, angeblich ohne Wissen und Befehl Yazids. Kerbala und das Jahr 680 werden zum Urdatum der Schiiten.

Die Ausdehnung des Omajjadenreiches bis nach Indien und China kam durch Karl Martell 732 in Spanien zum Stehen.

Unter den Abbasiden, die auf Mohammeds Onkel Abbas zurückgehen, der kurz vor der Einnahme von Mekka noch schnell die Front gewechselt hatte, wurde die Hauptstadt nach Bagdad verlegt. Das Abbasidenreich bedeutete den Höhepunkt des Islam in geistiger und politischer Hinsicht. Es zerfiel aber in Kleinstaaterei und wurde durch den Mongolensturm auf Bagdad 1258 beendet. Kurzfristig konnte sich das Kalifentum nach Kairo retten und fand Schutz bei den mamlukischen Sultanen Ägyptens.

Zwischen dem 14. und dem 16. Jahrhundert riss das türkische Osmanenreich die Herrschaft über ganz Arabien und Kleinasien an sich. Sie beanspruchten die Kalifenwürde durch fragwürdige Ableitungen für sich. Langsam setzte nun der kulturelle Niedergang des Morgenlandes ein. Das Osmanische Reich war zwar islamisch, aber nicht mehr arabisch. Dazu kam noch die Umleitung des Welthandels durch die Entdeckung der Neuen Welt. Als Kolumbus den Seeweg nach Indien fand, wurden die Umschlagplätze des Welthandels neu definiert, und der Orient verlor schlagartig seine wirtschaftliche Vormachtstellung.

Der Erste Weltkrieg brachte das endgültige Zerbrechen des Osmanischen Reiches. Zum endgültigen Vollstrecker des Endes des Kalifats wurde der türkische General Kemal Atatürk, für den Mohammed nur ein lügnerischer und betrügerischer Beduine war. Der General setzte im März 1924 den letzten Kalifen ab.

Die Schiiten

Die „Schi'at Ali" ist die Partei Alis, des vierten Kalifen. Obwohl die Schiiten nur ein Zehntel aller Moslems dieser Welt ausmachen, haben sie durch die Errichtung der islamischen Republik Iran eine Rolle erlangt, die an politischer Bedeutung die der Sunniten in der Welt übertrifft. Den Anspruch, die reinste Form der ursprünglichen Religion des Propheten zu vertreten, teilen sie mit allen anderen Abspaltungen vom Islam.

Die Abspaltung von den Sunniten hat bekanntlich in der Prophetennachfolge ihren Grund: Gott habe den ersten männlichen Bekehrten des Islam, Ali, zum Kalifen bestimmt. Deshalb könnten die rechtmäßigen Nachfolger nur aus der Ali-/Fatima-Linie stammen. Der zweite Grund für die Abspaltung wiegt fast noch schwerer. Es ist die Definition des Imamamtes. Dieses Imamat ist für die Schiiten die tragende Idee ihres theologischen Gebäudes. Es steht gegen das Kalifenprinzip der Sunniten.

Der Imam (arabisch „amâm“, „vorne“), ursprünglich Karawanenführer, ist der Vorbeter der Gemeinde. Nach dem Ur-Imam Ali gilt dessen Sohn Hussain als der erste Imam. Seine Ermordung bedeutet die endgültige Abspaltung von den Sunniten. Noch heute gedenken die Schiiten an seinem Grab in Kerbala ihres Märtyrers mit Prozessionen, Passionsspielen, Kettenschlägen auf die eigene Haut und Hautaufschlitzen.

Während für die Sunniten der Imam ein zwar gottesfürchtiger, aber doch gewöhnlicher Mensch ist, hat in der Schia der Imam teil am göttlichen Wissen; er hat übermenschliche Fähigkeiten und ist als Wegweiser zur Erlösung unfehlbar und frei von Sünden. Für die Sunniten ist mit dem Koran, der Sunna und den Hadithen die Offenbarung abgeschlossen, das Werk Mohammeds gilt als vollendet. Die Schia dagegen spricht dem Imam die vollkommene Auslegung des Koran zu, seine Worte und sein Handeln stehen exemplarisch für das Wort und Tun Allahs.

Die größte Gruppierung innerhalb der Schia bilden die Zwölfer-Schiiten oder Imamiten. Ihre Linie ist mit dem 12. Imam abgebrochen. Dieser letzte Imam und Nachfolger Alis flüchtete als siebenjähriges Kind 873 vor seinen Verfolgern in eine Erdhöhle im irakischen Samara. Da er nie mehr gesehen wurde, gilt er seit dieser Zeit als entrückt, soll aber heute noch leben. Er ist der zukünftige Retter, der Mahdi, der am Ende der Zeiten wiederkommen wird, um ein Reich des Friedens und der Gerechtigkeit zu errichten. Bis dahin vertreten ihn die Statthalter, Gelehrte des islamischen Rechts. Im Iran wird diese Art von Leitungsstruktur von Ayatollahs („Ayat-Allah", das „Zeichen Gottes") repräsentiert, den Boten des wiederkehrenden Imam.

Erwähnenswert ist auch, dass die Schiiten eine andere Jahreszählung haben. Sie beginnen zwar auch mit der Flucht des Propheten nach Medina, aber sie zählen nicht nach dem Mondjahr mit 354 Tagen, sondern nach dem Sonnenjahr mit 365 Tagen. So liegt die Jahreszählung im Iran zur Zeit etwa 42 Jahre hinter der üblichen moslemischen Zählung zurück.

Die Ismailiten bezeichnen sich als Siebener-Schiiten, da sie die Imame nur bis Ismail, dem siebten Imam, anerkennen (gest. 760). Heute leben sie als kleine Minderheit verstreut in aller Welt, ihr Oberhaupt führt den Titel Aga Khan. (Eine weitere Abspaltung von den Ismailiten sind die Alawiten, die Ali als Gott verehren.)

Die kleinste Gruppe sind die Zaiditen der Fünfer-Schiiten, die sich nach dem fünften Imam Zaid nennen und im Nordjemen beheimatet sind. Sie lehnen die Lehre von der Sündlosigkeit und Unfehlbarkeit der Imame ab.

Ausblick

Es scheint, dass der jüdisch-arabische Konflikt im Nahen Osten an seiner Wurzel ein Gotteskrieg ist, der bis in die »Nacht der Zeiten«

zurückreicht (P. Scholl-Latour). Hier geht es letztlich um die Gunst Gottes. Der Hass zwischen den beiden Abraham-Frauen Sara und Hagar hat sich offensichtlich auf die Söhne Isaak und Ismael übertragen. Deren Söhne und Töchter streiten heute hasserfüllt um das Problem *el-Kuds,* das Problem Jerusalem. Die beiden islamischen Moscheen auf dem jüdischen Tempelberg sind ein Pfahl im Fleische Israels – und die Heiligkeit der Stadt Jerusalem, der Stadt Davids, ist ein Pfahl im Fleische des Islam. Der Streit um Jerusalem, so Scholl-Latour, ist längst keine politische Auseinandersetzung mehr. Hier gehe es um eine Frage des Jüngsten Gerichts.

Heute wacht die Weltgemeinschaft über diesen Hass und sorgt dafür, dass er nicht in den Abgrund führt. Diese Sorge erlebte am 11. September 2001 ihre größte Heimsuchung. Es scheint, dass der Nahostkonflikt damit auf schreckliche Weise seine Globalisierung erfahren hat.

Wir erleben heute im Lichte der Ereignisse von New York, die selbst bei vielen Moslems blankes Entsetzen hervorgerufen haben, eine Rückkehr der islamischen Kultur zur Religion, oder genauer: eine Hinwendung zur Politisierung der Religion. Wer diese radikale Politisierung vertritt, glaubt nicht an die Möglichkeit der Trennung von Staat und Religion. Im Gegenteil: Er muss sie mit allen Mitteln verhindern, da sie die Verwestlichung der islamischen Welt zur Folge hat. Beispiele dieser Verwestlichung sehen wir in den gemäßigten arabischen Staaten, aber auch in Israel, wo es die orthodoxen Juden sind, die sich dem vehement entgegenstemmen.

Eine Prognose abzugeben, wie die Entwicklung der am schnellsten wachsenden Weltreligion des Islam aussehen wird, ist nicht leicht. Gerade nach den grauenvollen Geschehnissen der letzten Zeit ist Vorsicht geboten, da die Gefahr besteht, dass das Gift der Rache in unser Denken zurückkehrt. Vieles wird auf einmal in apokalyptischen Farben gemalt und Schlagworte wie „Kampf der Kulturen“ tauchen aus dem Nichts auf. Dies aber ist keine glückliche Wendung, da es nicht wahr ist, dass der Islam unsere westliche Kultur mit ihren zivilisatorischen Errungenschaften bekriegen will.

Nein, der Islam will seine ureigenste Kultur verteidigen, und zwar mit aller Macht: mit dem *Dschihad,* das zuerst „Bemühen für den Glauben“ heißt und dann erst in der aggressiven Interpretation „Heiliger Krieg“. Dass dieses „Bemühen für den Glauben“ den Perversionen einer falschen Deutung des Koran ausgeliefert ist und leider noch längere Zeit sein wird, stimmt uns nicht nur traurig, sondern schürt uralte Ängste. Das aber ist nicht neu, denn das Schicksal, pervertiert ausgelegt zu werden, erleiden ebenso alle anderen heiligen Schriften dieser Welt. Nur die Dimensionen der jetzigen Gefahr sind fatalerweise gewaltiger.

Quellen und Literatur

Quellentexte:

Max Henning, Der Koran, Stuttgart 1960.

Ibn Ishaq, Mohammed, Das Leben des Propheten, Stuttgart 1982.

Sahih al-Buhari, Nachrichten von Taten und Aussprüchen des Propheten Muhammad, Stuttgart 1991.

Enzyklopaedie des Islam, Band I–IV, Leiden 1934.

Ahmad v. Denffer, Schriftenreihe des Islamischen Zentrums München, Bd. 15, 1987.

Weitere Literatur:

Karl Ahrens, Muhammed als Religionsstifter, in: Abhandlungen für die Kunde des Morgenlandes, Leipzig 1935.

Tor Andrae, Mohammed, Göttingen 1932.

Hamdy Mahmoud Azzam, Der Islam, Stuttgart 1981.

Essad Bey, Mohammed, München 1993.

Emile Dermengheim, Mohammed, Reinbek 1960.

Walter Dirks, Die Antwort der Mönche, Olten 1968.

Suraiya Faroqhi, Herrscher über Mekka, München 1990.

Hubert Grimme, Mohammed, Das Leben, Münster 1892.

Christiaan Snouck Hurgronje, Mekka I, Hag 1888.

Günter Lüling, Über den Ur-Qur'an, Erlangen 1974.

Ders., Der christliche Kult an der vorislamischen Kaaba als Problem der Islamwissenschaft und christl. Theologie, Erlangen 1977.

Theodor Nöldeke, Geschichte des Qorans, Leipzig 1909.

Rudi Paret, Mohammed und der Koran, Stuttgart 1953.

Maxime Rodinson, Mohammed, Luzern 1975.

Baasam Tibi, Der Islam und das Problem der kulturellen Bewältigung sozialen Wandels, Frankfurt/M. 1985.

Paul Tillich, Systematische Theologie, Bd. III, Stuttgart 1966.

Gustav Weil, Mohammed der Prophet, sein Leben und seine Lehre, Stuttgart 1843.

Aus dem Buch „Weltmacht Islam", hrsg. von der Bayerischen Zentrale für Politische Bildungsarbeit, München 1988, wurden folgende Aufsätze herangezogen:

Angelika Neuwirth, „Der Koran – Mittelpunkt des Lebens der islamischen Gemeinde";

Erdmute Heller, „Die Frau im Islam";

Lois L. al Faruqi, „Die islamische Kunst – eine Einführung".

Die Geschichte am Anfang des Kapitels ist entnommen:

Ulrich Kabitz (Hrsg.), Die heilsame Reise, Kurze Geschichten zum Nachdenken, München 1989.

Die Zitate von *Peter Scholl-Latour* stammen aus der ZDF-Sendung „Das Schwert des Islam", 1991.

Für die Maße der Kaaba und des Zemzem-Brunnens wurden die Angaben von *Ali Bey* berücksichtigt: Ali Bey's Reisen in Afrika und Asien, Weimar 1816.

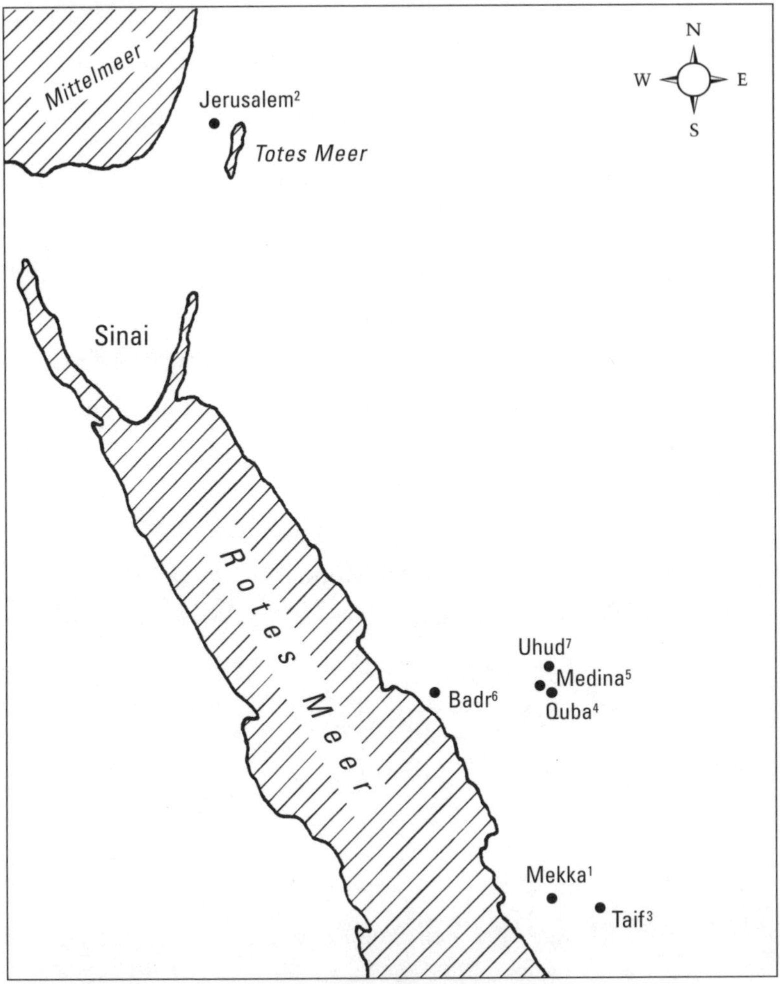

1 Die Mutter der Städte, Geburtsort Mohammeds und Ziel seiner Sehnsucht.
2 Mohammed trat in seiner Himmelsvision vor das verhüllte Antlitz Gottes. Später baute der zweite Kalif Omar dort den Felsendom.
3 Dorthin wollte der Prophet ursprünglich fliehen. Er blieb zehn Tage, aber die Menschen nahmen seine Lehre nicht an.
4 Vorort von Medina; hier endete des Propheten Flucht aus Mekka.
5 Mohammed verwirklicht hier seinen Traum vom Gottesstaat.
6 Erste Schlacht und erste Märtyrer des Islam.
7 Die Muslime verlieren die Schlacht und Mohammed beinahe sein Leben.